기문둔갑(奇門遁甲)

핵심포국(核心布局)

들어가는 글

기문둔갑이란

기이할 기(奇), 문 문(文), 피할 둔(遁), 첫째천간 갑(甲)자로 이루어져 있다.

기는 삼기 문은 8문 둔갑은 경 금의 칼이 무서워 갑 목이 피하여

나타나지 않는 것이다.

기문둔갑을 크게 3분야로 정리하면

첫째는 인간의 명을 추단하는 것이고

둘째는 사안에 대한 점술로 이용하는 것이며

셋째는 방위를 이용하여 길흉을 개선하는 것이다.

기문둔갑은 난해하고 포국자체 시간 소요가 많아서

접근하기에 어려움이 따르는 것이 사실이다.

꾸준히 노력하고 습득하게 되면 그렇게 어렵지 않다는 것을 알게 된다.

자기와의 싸움에서 이기는 자가 진정한 승리자이며

타인과의 싸움에서 이기는 자가 진정한 승리자라 볼 수가 없다.

추명명리라는 큰 바다에 푹 빠져보지 않았다면 알 수 없듯이

기문둔갑이란 대해에 푹 빠져보아야 그것을 알 수가 있다.

자기의 직업에 푹 빠져보지 않고 성과를 기대하는 것은

욕심이며 허황된 꿈이라 생각한다.

빠져보지도 않으면서 난해하고 맞지 않는다고

불신하고 매도하는 것이야말로 옳고 그른 것을 판단할 자격이 없는 것이다.

직업 역학인으로서 추명명리만 하면 모든 것이 해결되는 것이 아니라고 본다.

이 세상은 한 가지만으로 이루어진 것이 아니다.

종교도 다 종교이고,

사람도 여러 인종이다.

운명을 추단 예측하는데 있어서 여러 학문들이 있지 않은가.
추명명리 기문둔갑 태을수 육임 하락이수 매화역수 자미두수
월영도 육효 구성기학 주역 관상 등 여러 학문이 있게 된다.
추명명리 기문둔갑 하락이수 구성기학 등을 혼자서 공부 하였으나
그래도 기문둔갑이 희소성이 있으면서 확률이 있으며
일국의 제왕이나 국운을 추단하고 길흉을 개선하는 데는
기문둔갑을 따라올 만한 학문이 없겠다고 생각한다.
아직 기문둔갑에 각이 열리지는 못하였지만 공부에 정진할 뿐이다.
옛적부터 동양 신묘삼수학 중에 한 가지라도 모르는 사람과는
역학을 논하지 말라 할 정도로 그 비중을 높게 두었던 것이다.
동양 신묘삼수학은 기 을 임 즉 기문둔갑 태을수 육임으로
그중에 기문둔갑을 으뜸으로 꼽게 된다.
태을수는 천문관측을 통하여 정립된 학문이고
육임은 신장으로 순간 시간을 포착한 학문이며
추명명리가 시간적 학문이라면 기문둔갑은 구궁이라는 공간을 이용하여
시간적과 공간적의 종합적인 학문이 되는 것이다.
그래서 완전한 학문이라 생각한다.
우주는 시간과 공간을 합친 말이 될 것이다.
우주는 자연이며 자연 속에 인간이 생활하고 있는 것이다.
그래서 인간을 소우주라고 말하지 않는가.

필자가 기문둔갑을 많이 아는 것은 아니지만
먼저 알고 있는 포국을 전달하고자 한다.
처음에 기문둔갑을 접하면서 어렵고 난해하다는 것을 모르고
인내와 노력으로 혼자서 공부하게 된 것이다.
추명명리를 독학으로 할 때보다 더 많은 어려움이 따랐던 것이 사실이다.
추명명리도 마찬가지이지만 기문둔갑 포국을 하나하나 터득하는 것을
보람과 즐거움, 희열로 삼게 되었던 것이다.

기문둔갑에 여러 기인들이 있으나
중국에서는 강 태공선생께서 기문의 대가였으며
제갈 공명선생께서 기문둔갑을 병법에 사용하여
많은 성과를 이루게 되어 명성을 얻게 된 것이다.
우리나라에서도
고구려시대 을파소선인,
신라시대 김암 도선,
고려시대 강감찬,
조선왕조에는 화담 서경덕 선생께서 대가를 이루고
뒤를 이어 화담선생의 제자인 토정 이지함 선생께서 일가를 이루었으며
그 외에도 이율곡 선생 등 기문의 대가들이 많이 있다.

남들보다 뒤떨어지지 않으려면
열심히 공부하고 익히고 습득하여야 될 것이다.
아무쪼록 오자나 잘못된 부분이 있더라도
넓은 아량으로 보아 주시기를 바라는 마음이다.
추명명리 서적으로 이미 출판된 〈핵심통변〉 다음 서적인
〈핵심통변 상담실례〉 편에서 만나기로 하면서
〈기문둔갑 핵심포국〉이 조금이나마 도움이 되었으면 한다.
직업 역학인으로서 대가를 이루기를 두 손 모아 바라는 마음이다.
아울러 무량수 출판사 주영배 사장님과 직원 여러분들의
많은 노고에 감사를 드린다.

2008년 여름

죽림 운관 **김 재 근** 합장

목차

1. 기본 구궁도

아래 구궁도표는 설명 과정과 처음부터 끝까지 사용하게 되는 것이므로
확실히 암기숙지 하여야 한다.

4록木성 손하절	9자火성 이허중	2흑土성 곤삼절
3벽木성 진하련	5황土성	7적金성 태상절
8백土성 간상련	1백水성 감중련	6백金성 건삼련

아래 각 궁의 괘상을 암기하여야 한다.

1백水성 감중련

2흑土성 곤삼절

3벽木성 진하련

4록木성 손하절

5황土성

6백金성 건삼련

7적金성 태상절

8백土성 간상련

9자火성 이허중

구궁도 고유의 숫자를 구궁에 표시하면 다음과 같다.

4	9	2
3	5	7
8	1	6

상기 고유의 숫자는 신구낙서의 후천 수 고유 궁 숫자이며
마방진 팔진도의 형상이다.
구궁이라는 공간에 숫자가 어떻게 가는지를 완전히 숙지암기 하여야하며
숫자가 어느 위치에 있는지를 필히 암기 숙지하라.
1부터 9까지 가는 순서와 위치를 정확하게 숙지암기하고
9부터 1까지 역으로도 암기 숙지하라.

※ 좌측 손으로 장중 법을 사용하면 편리하다.
　2번째, 3번째, 4번째 손가락 마디 칸을 사용하게 된다.

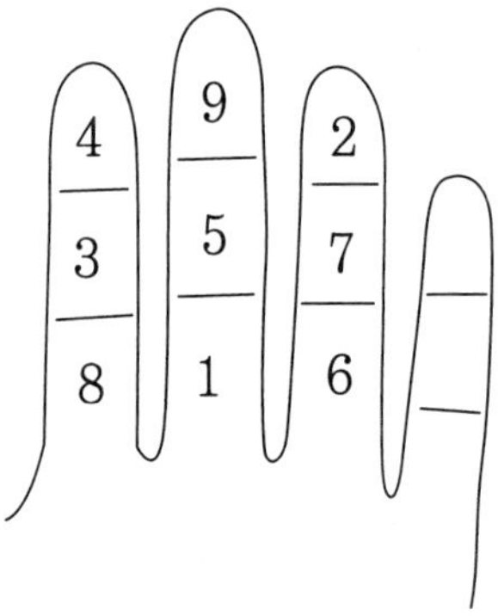

1) 각궁 괘 상의 속성

1백수성 감중련 ;
인사; 중남, 도적　　물상; 물, 달, 구덩이
동물; 돼지　　인체; 귀, 심장　　색; 흰색
성정; 빠짐, 숨음　　방위; 북　　궁; 감궁

2흑토성 곤삼절 ;
인사; 어머니　　물상; 땅, 가마솥, 직물(천)
동물; 소　　인체; 배　　색; 검정색
성정; 유순, 인색　　방위; 서남간　　궁; 곤궁

3벽목성 진하련 ;
인사; 장남　　물상; 큰 도로 나무,
동물; 용　　인체; 발 이마　　색; 푸른색
성정; 조급, 움직임, 겸손　　방위; 동　　궁; 진궁

4록목성 손하절 ;
인사; 장녀　　물상; 나무 바람 노끈
동물; 닭　　인체; 허벅지 넓은 이마　　색; 초록색
성정; 진퇴, 들어옴　　방위; 동남간　　궁; 손궁

5황토성 ;
방위; 중앙　　색; 노란색

6백금성 건삼련 ;
인사; 아버지, 임금　　물상; 하늘, 둥글다
동물; 말(馬)　　인체; 머리　　색; 흰색
성정; 강건, 완고, 보수적　　방위; 서북간　　궁; 건궁

7적금성 태상절 ; 인사; 막내딸, 첩, 무당 　물상; 못, 소금
동물; 양 　인체; 입 　색; 붉은색
성정; 구설, 기쁨, 놀람 　방위; 서 　궁; 태궁

8백토성 간상련 ; 인사; 막내아들, 문지기 　물상; 산, 작은 길
동물; 개, 쥐 　인체; 손 　색; 흰색
성정; 정지, 그침, 멈춤 　방위; 동북간 　궁; 간궁

9자화성 이허중 ; 인사; 중녀 　물상; 태양 빛
동물; 꿩, 오리 　인체; 눈 　색; 자주색
성정; 빛남, 밝음, 빠름 　방위; 남 　궁; 이궁

상기 각궁의 각 내용들을 활용하게 되니 필히 암기숙지 하도록 하여야 한다.

이어진 선 (———)은 양효이며 끊어진 선 (— —)은 음효이다.

양효와 음효 3개가 모여 소성괘라 한다.

음양 법에 의하여 기호로 형상화한 것이다.

음과 양은 이 세상의 삼라만상 그 어느 곳에서나 존재하는 것이다.

음 양이 탄생하는 것을 본 사람은 아무도 없을 것이다.

그러나 경전 신화 전설 등을 통하여 추리하는 수밖에 없다.

구약성서 창세기 1장을 보게 되면

하느님이 말씀하시기를 빛이 생겨라 하시니 빛이 생겼다.

그 빛이 하느님 보시기에 좋았다.

하느님이 빛과 어둠을 나누셔서 빛을 낮이라 하시고 어둠을 밤이라 하셨다.

저녁이 되고 아침이 되니 하루가 지났다.

이것도 음양을 구분한 것이다.

2) 음양 대강분류

양	천 일 동 남 동 두 미 중 상 개 대 주 현 좌 남 희 춘 하 고 장 질 락 天 日 東 南 動 頭 美 重 上 開 大 晝 現 左 男 喜 春 夏 高 長 質 樂
음	지 월 서 북 정 족 추 경 하 폐 소 야 은 우 여 비 추 동 저 단 양 애 地 月 西 北 靜 足 醜 輕 下 閉 小 夜 隱 右 女 悲 秋 冬 低 短 量 哀

음과 양은 별개의 독립체가 아니라 둘이면서 하나이다.

또한 하나이면서 둘이다.

양중에 음이 있게 되고 음중에 양이 있게 되는 것이다.

음인 물속에 물고기들도 음양이 있게 된다.

복어는 음중에 음이며 메기는 음중에 양인 것이다.

그래서 음인 복국을 해장국으로 먹게 되는 것이다.

콩나물 역시 음인 음식으로 숙취해소에 먹게 된다.

보신탕은 양의 음식으로 여름에 즐겨 먹게 되는 것이다.

여름에 인체내부는 음이 되므로 양의 음식인 보신탕으로

속 내부를 따뜻하게 하면 인체 내외의 조화가 맞추어지게 된다.

돼지는 음에 속하는 음식이기 때문에 여름에 먹으면

속은 차가운데 음의 음식이 들어가서 배탈이 많이 나게 된다.

돼지고기는 겨울에 먹어야 제격이 되는 것이다.

세상은 음양의 조화로 이루어진 것이다.

음만 있고 양이 없으며 양만 있고 음이 없으면 존재하기가 힘들 것이다.

천지는 대우주요 인간은 소우주라 사주팔자 역시 소우주이다.

사주팔자는 대우주를 벗어날 수가 없으며 또한 자연을 벗어날 수가 없는 것이다.

역학을 공부한 연후에 역학을 통달하려면

이발사 3년, 목욕탕에 때밀이 3년, 사망한 사람 염 3년을

각각 하게 되면 사람을 알 수 있다고 한다.

철학이란 이론과 실제경험이 복합적으로 이루어지는 것이라 생각한다.

아래 각 구궁에 배속되어 있는 고유의 숫자와

오행 색 방위 가족 동물 인체 성정 괘상 지지 등을 완전히 암기하여야 한다.

도표로 정리하면 아래와 같다.

4록목성 손하절	9자화성 이허중	2흑토성 곤삼절
장녀, 나무, 바람 노끈, 닭 허벅지, 넓은 이마, 초록색 진퇴, 들어옴, 동남간, 손궁 辰 巳	중녀, 태양 빛, 꿩, 오리 눈, 자주색, 빛남, 밝음, 빠름 남, 이궁 午	어머니, 땅, 가마솥, 직물 소, 배, 검정색, 유순, 인색 서남간, 곤궁 未 申
3벽목성 진하련	5황토성	7적금성 태상절
장남, 큰 도로, 용, 발, 이마 푸른색, 조급, 움직임, 겸손 동, 진궁 卯	중앙 노란색	막내딸, 무당, 첩, 못, 소금 양, 입, 붉은색, 놀램, 기쁨 구설, 서 태궁 酉
8백토성 간상련	1백수성 감중련	6백금성 건삼련
막내아들, 문지기, 산, 작은 길 개, 쥐, 손, 흰색, 그침, 정지 멈춤, 동북간 간궁 寅 丑	중간 아들, 도적, 물, 달, 구덩이 돼지, 귀, 심장, 흰색 빠짐, 숨음, 북 감궁 子	아버지, 임금, 하늘, 둥글다 말, 머리, 흰색, 강건 보수적, 완고, 서북간 건궁 亥 戌

3) 사주입명

기문둔갑을 공부하고자 하는 분들은 이미 추명명리를 알고 있으므로 사주입명은
생략한다.
　천간과 지지의 각 오행 속성은 다 알고 있는 것이지만 간략하게 설명하고자 한다.

(1) 천간

갑 목; 씨앗에서 껍질을 깨고 싹이 트는 시기로 보며
　　　초목의 싹이 껍질을 아직 벗지 못하고 대지로 나온 상태이다.
　　　또한 대목으로 보기도 한다.
을 목; 씨앗에서 껍질을 깨고 나와 떡잎이 돋아 나온 것으로 보며
　　　초목의 싹이 곧게 돋아나지를 못하고 구부러진 상태이다.
　　　넝쿨나무, 초목, 화초로 보기도 한다.

병 화; 양기가 솟아 나와 올라온 시기로 보며
　　　양기는 쇠하고 음기가 돋아나려는 상태이다.
　　　태양, 용광로, 빛으로 보기도 한다.
정 화; 양기가 절정을 이루어 만물이 익어가는 시기로 보며
　　　만물이 잠시 쉬고 숨을 고르는 상태이다.
　　　촛불, 모닥불, 일반적으로 사용하는 불로 보기도 한다.

무 토; 만물이 무성하게 익어가는 시기로 보며
　　　만물이 무성하고 익어가는 시기이다.
　　　큰 산. 제방. 사막으로 보기도 한다.
기 토; 만물이 완전히 익어 있는 시기로 보며
　　　자신이라는 뜻으로 만물이 익어있는 시기이다.
　　　전답. 옥토. 기름진 땅으로 보기도 한다.

경 금; 만물의 열매가 굳어가는 시기로 보며
　　　만물이 익어서 굳고 단단한 시기이다.
　　　무쇠, 원석, 열매, 우박으로 보기도 한다.
신 금; 열매가 여물어 씨앗으로 되는 시기이며
　　　만물이 완전히 단단하여져서 매운맛이 나는 시기이다.
　　　보석, 주옥, 서리로 보기도 한다.

임 수; 땅속의 물로 땅속에서 양기가 만들어 지는 시기이며
　　　임신한다는 뜻으로 양의 기운을 받아들이는 것이다.
　　　바다, 강, 호수로 보기도 한다.
계 수; 땅속에서 양기가 키워지면서 서서히 올라오는 시기이며
　　　여자의 월경이라는 글자를 본뜬 것이다.
　　　구름, 이슬, 보슬비로 보기도 한다.

(2) 지지

자 수; 동지를 지나면서 양기가 생성되는 시기이다. 1양
　　　　양기가 이르러서 새끼 낳고 길러서 커가는 것이다
　　　　빠짐, 숨음, 구덩이, 귀, 자궁 등으로 보기도 한다.

축 토; 양기가 조금 생겨 차가운 기운이 물러나는 시기이다. 2양
　　　　시작하고 마치는 때에 있기 때문에 매듭짓는 것으로 보게 된다.
　　　　정지, 멈춤, 준비, 손 등으로 보기도 한다.

인 목; 양기가 안에서 밖으로 나오려고 준비하는 시기이다. 3양
　　　　만물의 싹이 몸 밖으로 옮겨 나와 퍼져나가는 것이다.
　　　　생기, 시기조절, 움틈, 손 등으로 보기도 한다.

묘 목; 양기가 땅밖으로 솟아 나오려고 하는 시기이다. 4양
　　　　줄기가 나와 커져서 무성하여 땅을 덮는 것이다.
　　　　움직임, 조급, 상처, 투쟁, 발 등으로 보기도 한다.

진 토; 양기가 밖으로 나오는 시기이다. 5양
　　　　3월이 되면 만물이 모두 움직이고 자라난다.
　　　　진퇴양난, 고심, 안으로는 움직임, 넓적다리, 자궁 등으로 보기도 한다.

사 화; 양기가 밖에서 형상을 이루는 시기이다. 6양
　　　　이때에 모두 자라기를 마치고 일어나는 것이다.
　　　　나가고, 들어오고, 활발함, 허벅지 등으로 보기도 한다.

오 화; 양기가 극에 도달하여 있는 시기이다. 1음
　　　　만물이 성대하여져서 가지와 꽃받침이 붙는 것이다.
　　　　비밀탄로, 소비, 소식, 문서, 눈 등으로 보기도 한다.

미 토; 양기는 줄어지고 음기가 움직이는 시기이다. 2음
　　　만물이 때를 만나 성숙해지며 각자의 맛이 있게 된다.
　　　갑갑함, 고달픔, 뱃가죽 등으로 보기도 한다.

신 금; 만물이 익어 열매를 맺는 시기이다. 3음
　　　만물이 모두 몸체를 이루는 것이다.
　　　죽음, 떠남, 무상, 복부 등으로 보기도 한다.

유 금; 만물이 완전히 익어 씨앗이 되는 시기이다. 4음
　　　이 때에는 만물이 모두 축소되어서 작아진다.
　　　놀램, 구설, 즐거움, 애교, 입 등으로 보기도 한다.

술 토; 씨앗이 땅으로 떨어지는 시기이다. 5음
　　　이때에는 만물이 모두 쇠퇴하여 멸하는 것이다.
　　　조용, 허망, 쉼, 손 등으로 보기도 한다.

해 수; 모든 만물이 창고 속에 보관되어 쉬는 시기이다. 6음
　　　이때에는 만물이 닫히고 숨어서 씨를 맺고 감추는 것이다.
　　　암흑, 끊김, 말 등으로 보기도 한다.

4) 기문둔갑이란

삼기인 丁 丙 乙 삼기와 팔 문인 생문, 상문, 두문, 경(景)문, 사문,
경(驚)문, 개문, 휴문 8개의 문을 말한다.
庚금의 칼이 무서워서 甲목이 피하여 숨어서 나타나지 않는 것이므로
遁甲(둔갑)이라 하게 된다.
삼기와 팔문 둔갑을 일컬어 기문둔갑이라 한다.
기문둔갑에서는 홍국과 연국이 있다.
이것을 통틀어 홍연 국이라 한다.
홍국은 홍국수와 팔괘 팔문으로 이루어진다.
연국은 육의삼기와 9성, 8장으로 이루어진다.
홍국과 연국에서 8괘, 8문, 9성, 8장을 종합하여 사신 또는 괘문성장이라 한다.
12신살 12운성 귀인 건록 합 충 형 파 해 등으로 이루어진다.
홍국과 연국을 구궁이라는 공간에 뿌리는 것을 포국한다고 한다.
사주팔자라는 시간과 구궁이라는 공간으로 합해지니
추명명리가 시간적인 학문이라면 기문둔갑은 시공간적 종합학문이라 하겠다.
앞으로 홍국과 연국의 포국을 하는데 있어서
핵심적인 기초로 엮어 나가고자 한다.
기문둔갑을 여러 사람들이 공부하여 보고자 하나 포국 과정에 시간이 많이
소요되고 추명명리보다 간단하지 않고 어려움이 있는 것은 사실이다.
그러나 숙달이 되면 7분 안팎으로 시간이 소요가 된다.
노력도 하지 않고 불신하는 마음으로 시작하게 되면
어떤 공부든 성취하기가 어려운 것이 아니겠는가.
공부해 보지도 않고 기문둔갑이 맞느니 안 맞느니 하는 자세는
바람직하지 않다고 하겠다.
운명을 추리하는 여러 다른 학문도 각각 특징을 가지고 있다고 생각한다.
이 세상은 단순하게 하나로 이루어져 있는 것이 아닌 것처럼
종교 또한 여러 종교가 있게 되고

사람 역시 여러 인종으로 이루어져 있으며

운명을 추리하는 학문 또한 추명명리 기문둔갑 태을수 육임 하락이수

매화역수 육효 월영도 자미두수 주역 구성기학 관상 등으로 여러 가지가 있다.

하나만 있으면 되었지 왜 여러 학문들이 있겠는가.

내가 하는 학문만 최고이며 다른 것은 잘 맞지 않고

신빙성이 없다고 불신하지 말기를 바라는 마음이다.

필자는 추명명리 기문둔갑 하락이수 구성기학 등을 혼자서 독학으로 공부하였다.

아직 많이 부족하고 부족한 마음을 항상 가지고 있으나

오늘도 내일도 부족한 것을 채우기 위하여 노력하고 있는 중이다.

많이 알고 있어서 책을 쓰는 것이 아니며

조금 먼저 알고 있는 것을 전달할 따름이라 생각한다.

2. 홍국수

홍국은 홍국수와 8괘 8문중에서 제일 중요하게 취급되는 것이 홍국수이다
홍국의 뼈대라 생각하면 무난할 것으로 생각한다.
홍국 해단에서 비중을 가장 많이 두게 되는 것이 홍국수이다.

1) 흥국 수의 산출방법

추명명리와 같이 만세력에서 사주를 세우고
천간은 천간대로 지지는 지지대로 수리로 변화시킨다.
4개의 천간을 모두 합을 하여 9로 여제하고 나머지 수를 사용한다.
4개의 지지를 모두 합을 하여 9로 여제하고 나머지 수를 사용한다.

● 천간을 수리로 변화

천간	甲	乙	丙	丁	戊	己	庚	辛	壬	癸
수리	1	2	3	4	5	6	7	8	9	10

● 지지를 수리로 변화

지지	子	丑	寅	卯	辰	巳	午	未	申	酉	戌	亥
수리	1	2	3	4	5	6	7	8	9	10	11	12

4개 천간의 수를 모두 합을 하여 9로 공제한 나머지 수가 홍국천반수가 된다.
4개 지지의 수를 모두 합을 하여 9로 공제한 나머지 수가 홍국지반수가 된다.

2) 천반홍국수와 지반홍국수의 입중포국

홍국천반수와 홍국지반수를 중궁에 입중포국 한다.

홍국천반수와 홍국지반수를 중궁에 천반수는 상에

지반수는 아래에 입중 기입한다.

중궁 홍국지반수는 구궁 고유수를 따라 1씩 커지면서 구궁 순행 포국 한다.

중궁 홍국천반수는 구궁 고유수를 따라 1씩 커지면서 구궁 역행포국 한다.

중궁은 복수라 하여 숨어 있게 된다.

3) 은복수

중궁수	1	2	3	4	5	6	7	8	9
은복수	6	7	8	9	10	1	2	3	4

홍국지반수는 구궁 순행 즉

중궁 홍국지반수에서 1을 더하여

1백수성 감중련 궁으로 내려가고

다음은 2흑토성 곤삼절 궁으로

다음은 3벽목성 진하련 궁으로

다음은 4록목성 손하절 궁으로

다음은 5황토성 중궁으로 은복수는 기입하지 않는다.

다음은 6백금성 건삼련 궁으로

다음은 7적금성 태상절 궁으로

다음은 8백토성 간상련 궁으로

다음은 9자화성 이허중 궁으로 구궁 순행 포국한다.

홍국천반수는 구궁 역행 즉

중궁 홍국천반수에서 1을 더하여

9자화성 이허중 궁으로 올라가고

다음은 8백토성 간상련 궁으로

다음은 7적금성 태상절 궁으로

다음은 6백금성 건삼련 궁으로

다음은 5황토성 중궁으로 은복수는 기입하지 않는다.

다음은 4록목성 손하절 궁으로

다음은 3벽목성 진하련 궁으로

다음은 2흑토성 곤삼절 궁으로

다음은 1백수성 감중련 궁으로 구궁 역행 포국한다.

사주 예를 몇 개 들어 본다.

예1) 丁 戊 丙 丙　남
　　　 巳 寅 申 戌

72 62 52 42 32 22 12 2
甲 癸 壬 辛 庚 己 戊 丁
辰 卯 寅 丑 子 亥 戌 酉

홍국천반수 ;

연간 병(3)+월간 병(3)+일간 무(5)+시간 정(4)이 된다.

3+3+5+4=15이다. 9공제하면 나머지가 6이 된다.

홍국천반수는 6이다.

홍국지반수 ;

연지 술(11)+월지 신(9)+일지 인(3)+시지 사(6)가 된다.

11+9+3+6=29이다. 9로 공제하면 나머지가 2가 된다.

홍국지반수는 2이다.

6/2변국을 포국하면 다음과 같다.

2 **6**	7 **1**	4 **4**
3 **5**	6 **2**	9 **9**
8 **10**	5 **3**	10 **8**

중궁지반수 2에서 1을 더하면 3이 되며 3이 감궁에 포국된다.
감궁 3에서 1를 더하면 4가 되며 4가 곤궁에 포국된다.
곤궁 4에서 1을 더하면 5가 되며 5가 진궁에 포국된다.
진궁 5에서 1을 더하면 6이 되며 6이 손궁에 포국된다.
손궁 6에서 1을 더하면 7이 되며 7을 중궁에 포국 하지 않고 은복하게 된다.
중궁은복수 7에서 1을 더하면 8이 되며 8이 건궁에 포국된다.
건궁 8에서 1을 더하면 9가 되며 9가 태궁에 포국된다.
태궁 9에서 1을 더하면 10이 되며 10이 간궁에 포국된다.
간궁 10에서 1을 더하면 11이 되나 10수 까지만 사용하므로
1이 되며 1이 이궁에 포국되어 구궁 순행 포국된다.

중궁천반수 6에서 1을 더하면 7이 되며 7이 이궁에 포국된다.
이궁 7에서 1을 더하면 8이 되며 8이 간궁에 포국된다.
간궁 8에서 1을 더하면 9가 되며 9가 태궁에 포국된다.
태궁 9에서 1을 더하면 10이 되며 10이 건궁에 포국된다.
건궁 10에서 1을 더하면 11이 되나 10수까지만 사용하므로
1이 되며 1이 중궁에 포국하지 않고 은복하게 된다.
중궁은복수 1에서 1을 더하면 2가 되며 2가 손궁에 포국된다.
손궁 2에서 1을 더하면 3이 되며 3이 진궁에 포국된다.
진궁 3에서 1을 더하면 4가 되며 4가 곤궁에 포국된다.
곤궁 4에서 1을 더하면 5가 되며 5가 감궁에 포국되어
구궁 역행 포국된다.
천반수 6과 지반수 2를 6/2변국이라 표시한다.
즉 이륙변국이라 하게 된다.

예2) 丁 辛 庚 辛　남

　　 酉 丑 子 巳

64 54 44 34 24 14 4

癸 甲 乙 丙 丁 戊 己

巳 午 未 申 酉 戌 亥

홍국천반수 ;

신(8)+경(7)+신(8)+정(4)=27이 된다.

27을 9로 공제하면 나머지가 0이므로 9가 된다.

천반수는 9이다.

홍국지반수 ;

유(10)+축(2)+자(1)+사(6)=19가 된다.

19를 9로 공제하면 나머지가 1이 된다.

지반수는 1 이다.

9/1변국을 포국하면 다음과 같다.

5 **5**	10 **10**	7 **3**
6 **4**	9 **1**	2 **8**
1 **9**	8 **2**	3 **7**

중궁지반수 1에서 1을 더하면 2가 되며 2가 감궁에 포국된다.

감궁 2에서 1을 더하면 3이 되며 3이 곤궁에 포국된다.

곤궁 3에서 1을 더하면 4가 되며 4가 진궁에 포국된다.

진궁 4에서 1을 더하면 5가 되며 5가 손궁에 포국된다.

손궁 5에서 1을 더하면 6이 되며 6은 중궁에 포국하지 않고 은복하게 된다.

중궁은복수 6에서 1을 더하면 7이 되며 7이 건궁에 포국된다.

건궁 7에서 1을 더하면 8이 되며 8이 태궁에 포국된다.

태궁 8에서 1을 더하면 9가 되며 9가 간궁에 포국된다.

간궁 9에서 1을 더하면 10이 되며 10은 이궁에 포국되어

구궁 순행 포국된다.

중궁천반수 9에서 1을 더하면 10이 되며 10이 이궁에 포국된다.

이궁 10에서 1을 더하면 11이 되나 10수까지만 사용하므로 1이 간궁에 포국된다.

간궁 1에서 1을 더하면 2가 되며 2가 태궁에 포국된다.

태궁 2에서 1을 더하면 3이 되며 3이 건궁에 포국된다.

건궁 3에서 1을 더하면 4가 되며 4가 중궁에 포국되지 않고 은복하게 된다.

중궁은복수 4에서 1을 더하면 5가 되며 5가 손궁에 포국된다.

손궁 5에서 1을 더하면 6이 되며 6이 진궁에 포국된다.

진궁 6에서 1을 더하면 7이 되며 7은 곤궁에 포국된다.

곤궁 7에서 1을 더하면 8이 되며 8이 감궁에 포국되어

구궁 역행 포국된다.

천반수 9와 지반수 1을 9/1변국이라 표시한다.

즉 일구변국이라 하게 된다.

예3) 丁 甲 甲 甲　　남
　　　卯 子 戌 午

　　61　51　41　31　21　11　1
　　　辛　庚　己　戊　丁　丙　乙
　　　巳　辰　卯　寅　丑　子　亥

홍국천반수 ;

정(4)+갑(1)+갑(1)+갑(1)=7이 된다.

바로 천반수는 7이다.

홍국지반수 ;

묘(4)+자(1)+술(11)+오(7)=23이 된다.

23을 9로 공제하면 5가 되므로 지반수는 5이다.

7/5 변국을 포국하면 다음과 같다.

3 **4**	8 **9**	5 **2**
4 **3**	7 **5**	10 **7**
9 **8**	6 **1**	1 **6**

홍국지반수 5는 5변국 별례 법으로 홍국지반수가

구궁 원래 자리에 그대로 포국된다.

지반수 1은 감궁 원래 자리에 포국된다.

지반수 2는 곤궁 원래 자리에 포국된다.

지반수 3은 진궁 원래 자리에 포국된다.

지반수 4는 손궁 원래 자리에 포국된다.
지반수 5는 중궁 원래 자리에 포국된다.
지반수 6은 건궁 원래 자리에 포국된다.
지반수 7은 태궁 원래 자리에 포국된다.
지반수 8은 간궁 원래 자리에 포국된다.
지반수 9는 이궁 원래 자리에 포국되어
구궁 원래 자리대로 순행 포국된다.

중궁천반수 7에서 1을 더하면 8이 되며 8이 이궁에 포국된다.
이궁 8에서 1을 더하면 9가 되며 9가 간궁에 포국된다.
간궁 9에서 1을 더하면 10 되며 10이 태궁에 포국된다.
태궁 10에서 1을 더하면 11이 되나 10수까지만 사용하므로
1이 건궁에 포국된다.
건궁 1에서 1을 더하면 2가 되며 2가 중궁에 포국되지 않고 은복하게 된다.
중궁은복수 2에서 1을 더하면 3이 되며 3이 손궁에 포국된다.
손궁 3에서 1을 더하면 4가 되며 4가 진궁에 포국된다.
진궁 4에서 1을 더하면 5가 되며 5는 곤궁에 포국된다.
곤궁 5에서 1을 더하면 6이 되며 6이 감궁에 포국되어
구궁 역행 포국된다.
천반수 7과 지반수 5를 7/5변국이라 표시한다.
즉 오칠 변국이라 하게 된다.

예4) 庚 丁 丙 壬　여
　　 子 酉 午 寅

57 47 37 27 17 7
庚 辛 壬 癸 甲 乙
子 丑 寅 卯 辰 巳

천반수 ;

경(7)+정(4)+병(3)+임(9)=23이 된다.

23에서 9로 공제하면 나머지가 5가 된다.

천반수는 5이다.

지반수 ;

자(1)+유(10)+오(7)+인(3)=21이 된다.

21에서 9로 공제하면 나머지는 3이 된다.

지반수는 3이다.

5/3변국을 포국하면 다음과 같다.

1 **7**	6 **2**	3 **5**
2 **6**	5 **3**	8 **10**
7 **1**	4 **4**	9 **9**

중궁지반수 3에서 1을 더하면 4가 되며 4가 감궁에 포국된다.

감궁 4에서 1을 더하면 5가 되며 5가 곤궁에 포국된다.

곤궁 5에서 1을 더하면 6이 되며 6이 진궁에 포국된다.

진궁 6에서 1을 더하면 7이 되며 7이 손궁에 포국된다.

손궁 7에서 1을 더하면 8이 되며 8은 중궁에 포국하지 않고 은복하게 된다.

중궁은복수 8에서 1을 더하면 9가 되며 9가 건궁에 포국된다.

건궁 9에서 1을 더하면 10이 되며 10은 태궁에 포국된다.

태궁 10에서 1을 더하면 11이 되나 10수까지만 사용하므로
1이 간궁에 포국된다.

간궁 1에서 1을 더하면 2가 되며 2는 이궁에 포국되어
구궁 순행 포국된다.

중궁천반수 5에서 1을 더하면 6이 되며 6이 이궁에 포국된다.

이궁 6에서 1을 더하면 7이 되며 7이 간궁에 포국된다.

간궁 7에서 1을 더하면 8이 되며 8이 태궁에 포국된다.

태궁 8에서 1을 더하면 9가 되며 9가 건궁에 포국된다.

건궁 9에서 1을 더하면 10이 되며 10은 중궁에 포국되지 않고
은복하게 된다.

중궁은복수 10에서 1을 더하면 11이 되나 10수까지만 사용하므로
1이 손궁에 포국된다.

손궁 1에서 1을 더하면 2가 되며 2가 진궁에 포국된다.

진궁 2에서 1을 더하면 3이 되며 3은 곤궁에 포국된다.

곤궁 3에서 1을 더하면 4가 되며 4가 감궁에 포국되어
구궁 역행 포국된다.

천반수 5와 지반수 3을 5/3변국이라 표시한다.

즉 삼오변국이라 하게 된다.

예5) 戊 庚 辛 丁   남
     寅 申 亥 巳

62 52 42 32 22 12 2
甲   乙   丙   丁   戊   己   庚
辰   巳   午   未   申   酉   戌

천반수 ;

무(5)+경(7)+신(8)+정(4)=24 가된다.

24를 9로 공제하면 나머지가 6이 된다.

천반수는 6이다.

지반수 ;

인(3)+신(9)+해(12)+사(6)=30이 된다.

30을 9로 공제하면 나머지가 3이 된다.

지반수는 3이다.

6/3변국을 포국하면 다음과 같다.

2 **7**	7 **2**	4 **5**
3 **6**	6 **3**	9 **10**
8 **1**	5 **4**	10 **9**

중궁지반수 3에서 1을 더하면 4가 되며 4가 감궁에 포국된다.

감궁 4에서 1을 더하면 5가 되며 5가 곤궁에 포국된다.

곤궁 5에서 1을 더하면 6이 되며 6이 진궁에 포국된다.

진궁 6에서 1을 더하면 7이 되며 7이 손궁에 포국된다.

손궁 7에서 1을 더하면 8이 되며 8은 중궁에 포국하지 않고 은복하게 된다.

중궁은복수 8에서 1을 더하면 9가 되며 9가 건궁에 포국된다.

건궁 9에서 1을 더하면 10이 되며 10은 태궁에 포국된다.

태궁 10에서 1을 더하면 11이 되나 10수까지만 사용하므로 1이 간궁에 포국된다.

간궁 1에서 1을 더하면 2가 되며 2는 이궁에 포국되어

구궁 순행 포국된다.

중궁천반수 6에서 1을 더하면 7이 되며 7이 이궁에 포국된다.

이궁 7에서 1을 더하면 8이 되며 8이 간궁에 포국된다.

간궁 8에서 1을 더하면 9가 되며 9가 태궁에 포국된다.

태궁 9에서 1을 더하면 10이 되며 10이 건궁에 포국된다.

건궁 10에서 1을 더하면 11이 되나 10수까지만 사용하므로

1이 되며 1은 중궁에 포국하지 않고 은복하게 된다.

중궁은복수 1에서 1을 더하면 2가 되며 2가 손궁에 포국된다.

손궁 2에서 1을 더하면 3이 되며 3이 진궁에 포국된다.

진궁 3에서 1을 더하면 4가 되며 4가 곤궁에 포국된다.

곤궁 4에서 1을 더하면 5가 되며 5가 감궁에 포국되어

구궁 역행 포국된다.

천반수 6과 지반수 3을 6/3변국이라 표시한다.

즉 삼육변국이라 하게 된다.

각 중궁지반수를 도표로 표시하면 다음과 같다.

중궁지반수가 1일 때

5	10	3
4	1	8
9	2	7

중궁지반수가 2일 때

6	1	4
5	2	9
10	3	8

중궁지반수가 3일 때

7	2	5
6	3	10
1	4	9

중궁지반수가 4일 때

8	3	6
7	4	1
2	5	10

중궁지반수가 5일 때
5변국 별례법(제자리)

4	9	2
3	5	7
78	1	6

중궁지반수가 6일 때

10	5	8
9	6	3
4	7	2

중궁지반수가 7일 때

1	6	9
10	7	4
5	8	3

중궁지반수가 8일때

2	7	10
1	8	5
6	9	4

중궁지반수가 9일 때

3	8	1
2	9	6
7	10	5

각 중궁천반수를 도표로 표시하면 다음과 같다.

중궁천반수가 1일 때

7	2	9
8	1	4
3	10	5

중궁천반수가 2일 때

8	3	10
9	2	5
4	1	6

중궁천반수가 3일 때

9	4	1
10	3	6
5	2	7

중궁천반수가 4일 때

10	5	2
1	4	7
6	3	8

중궁천반수가 5일 때

1	6	3
2	5	8
7	4	9

중궁천반수가 6일 때

2	7	4
3	6	9
8	5	10

중궁천반수가 7일 때

3	8	5
4	7	10
9	6	1

중궁천반수가 8일 때

4	9	6
5	8	1
10	7	2

중궁천반수가 9일 때

5	10	7
6	9	2
1	8	3

천반수는 손님(객)이고 밖이며 동적이다.

지반수는 주인이고 안이며 정적이다.

동양의 신묘삼수학은 기, 을, 임 즉 기문둔갑, 태을수, 육임을 말하게 된다.

이 가운데 하나라도 모르는 사람과는 동양학을 논하지 말라하고 있다.

그것만큼 동양신묘삼수학이 가치가 있는 것으로 생각한다.

이 신묘삼수학 가운데 기문둔갑이 시간적 공간적 학문으로 으뜸으로 꼽는다.

인류가 창안한 운명을 예측하는 학문 중에

최고로 꼽을 수 있는 동양의 학문은 기문둔갑, 태을수, 육임이다.

서양에서는 점성술, 타로 등이 출현, 사용하게 되었다.

수천 년에 걸쳐 많은 선현들께서 심혈을 기울여

각고의 노력으로 다양한 운명예측학이 나오게 된 것이다.

태을수는 천문관측을 통하여 이론을 정립한 학문이며

육임은 신장의 이론으로 순간적인 시간을 포착하는 학문이다.

각각 하늘과 땅, 사람의 길흉화복을 추리하는 학문들이다.

추명명리가 시간적 학문이라 하면

기문둔갑은 시간적 공간적 학문이 합해진 시공간적 종합학문이다.

추명명리는 소요시간이 적게 되므로 사용하기가 편리하나

기문둔갑은 포국과정에 시간이 많이 소요되는 단점이 있지만

운명을 예측, 개선하는 데는 확률이 높은 장점이 있다.

기문둔갑은 운명을 예측, 추단하는 학문이며

결정할 사안을 점을 치는 학문이며

방위를 이용하여 운명을 개선하는 학문이다.

이 가운데 운명을 개선하는 방위학으로는

다른 운명예측학보다 우월하다 하겠다.

포국원리만 알고 나면 요즘에는 컴퓨터용 CD를 구입하여

몇 초 만에 볼 수가 있어서 편리하다.

그러나 포국을 할 줄 알고 보아야 이해가 된다.

3. 홍국수를 지지로 변환

홍국수가 산출되고 구궁에 포국되었으며 홍국수를 지지로 변환한다.

홍국수	1	2	3	4	5	6	7	8	9	10
지지	子	巳	寅	酉	辰, 戌	亥	午	卯	申	丑, 未

홍국수 5와 10은 두개의 지지를 가지고 있다.

5는 진과 술, 10은 축과 미 두개가 있다.

양년 출생자는 5는 辰, 10은 丑을 사용한다.

음년 출생자는 5는 戌, 10은 未를 사용한다.

양년; 자 인 진 오 신 술 년이다.

음년; 축 해 유 미 사 묘 년이다.

추명명리를 알고 있으므로

수리를 지지로 변환하는 것은 예를 든 사주에만 붙이고

다음 포국부터는 홍국수에다 지지를 붙이는 것을 생략하도록 하겠다.

홍국수리를 보고도 알 수 있으리라 생각한다.

예1) 丁 戊 丙 丙　　남
　　 巳 寅 申 戌　　6/2변국

72 62 52 42 32 22 12 2
甲 癸 壬 辛 庚 己 戊 丁
辰 卯 寅 丑 子 亥 戌 酉

2巳 6亥	7午 1子	4酉 4酉
3寅 5辰	6亥 2巳	9申 9申
8卯 10丑	5辰 3寅	10丑 8卯

예2) 丁 辛 庚 辛　　남
　　 酉 丑 子 巳　　9/1변국

64 54 44 34 24 14 4
癸 甲 乙 丙 丁 戊 己
巳 午 未 申 酉 戌 亥

5戌 5戌	10未 10未	7午 3寅
6亥 4酉	9申 1子	2巳 8卯
1子 9申	8卯 2巳	3寅 7午

예3) 丁 甲 甲 甲　　남
　　 卯 子 戌 午　　7/5변국

61 51 41 31 21 11 1
辛 庚 己 戊 丁 丙 乙
巳 辰 卯 寅 丑 子 亥

3寅 4酉	8卯 9申	5辰 2巳
4酉 3인	7午 5辰	10丑 7午
9申 8卯	6亥 1子	1子 6亥

예4) 庚 丁 丙 壬　　여
　　 子 酉 午 寅　　5/3변국

57 47 37 27 17 7
庚 辛 壬 癸 甲 乙
子 丑 寅 卯 辰 巳

1子 7午	6亥 2巳	3寅 5辰
2巳 6亥	5辰 3寅	8卯 10丑
7午 1子	4酉 4酉	9申 9申

예5) 戊 庚 辛 丁　　남
　　寅 申 亥 巳　　6/3변국

62 52 42 32 22 12 2
甲 乙 丙 丁 戊 己 庚
辰 巳 午 未 申 酉 戌

2巳 7午	7午 2巳	4酉 5戌
3寅 6亥	6亥 3寅	9申 10未
8卯 1子	5戌 4酉	10未 9申

4. 동처와 정처

기문에서는 동처와 정처가 있게 된다.
동처란 동하여 움직이고 있는 궁을 말하게 된다.
오행의 기는 동처를 통하여 흘러가게 되어 동처가 매우 중요하다.

1) 동처궁

사주의 연지가 있는 지지 궁이며 **연**이라 표기한다.
사주의 월지가 있는 지지 궁이며 **월**이라 표기한다.
사주의 일지가 있는 지지 궁이며 **세**라 표기한다.
사주의 시주가 있는 지지 궁이며 **시**라 표기하다.
중궁은 영원한 동처가 되며 **중**이라 한다.
이상 5개 궁이 평생국의 영원한 동처라 하게 된다.
중궁은 항상 본래의 자리이므로 중이라 표기를 안해도 알 수 있다고 본다.
중궁은 5황토성을 말한다. 포국된 구궁에 연 월 세 시 중으로 표기하게 된다.

2) 정처궁

동처가 아닌 다른 궁을 정처라 하나
유년에 해당하면 정처궁도 동처궁으로 변하게 된다.
유년이란 추명명리에서 말하는 대운과 같은 개념이다.
유년은 이 다음 장에 설명하기로 한다.
기문국은 동처를 기준으로 해단하게 되므로 동처가 매우 중요하다.

3) 구궁의 궁 지지자리

辰 巳	午	未 申
卯		酉
寅 丑	子	亥 戌

예1, 예2, 예3, 예4, 예5 사주에 **동처**를 표기한다.

72 62 52 42 32 22 12 2
甲 癸 壬 辛 庚 己 戊 丁
辰 卯 寅 丑 子 亥 戌 酉

시 2巳	7午	월 4酉
6亥	1子	4酉
3寅	6亥	9申
5진	2巳	9申
세 8卯	5辰	연 10丑
10丑	3寅	8卯

64 54 44 34 24 14 4
癸 甲 乙 丙 丁 戊 己
巳 午 未 申 酉 戌 亥

연 5戌	10未	7午
5戌	10未	3寅
6亥	9申	시 2巳
4酉	1子	8卯
세 1子	월 8卯	3寅
9申	2巳	7午

예3) 丁 甲 甲 甲　　남
　　卯 子 戌 午　　7/5변국

61 51 41 31 21 11 1
辛 庚 己 戊 丁 丙 乙
巳 辰 卯 寅 丑 子 亥

3寅 4酉	**연** 8卯 9申	5辰 2巳
시 4酉 3寅	7午 5辰	10丑 7午
9申 8卯	**세** 6亥 1子	**월** 1子 6亥

동처와 정처

예4) 庚 丁 丙 壬　　여
　　子 酉 午 寅　　5/3변국

57 47 37 27 17 7
庚 辛 壬 癸 甲 乙
子 丑 寅 卯 辰 巳

1子 7午	**월** 6亥 2巳	3寅 5辰
2巳 6亥	5辰 3寅	**세** 8卯 10丑
연 7午 1子	**시** 4酉 4酉	9申 9申

예5) 戊 庚 辛 丁　　남
　　 寅 申 亥 巳　　6/3변국

62 52 42 32 22 12 2
甲 乙 丙 丁 戊 己 庚
辰 巳 午 未 申 酉 戌

연 2巳 　 7午	7午 2巳	세 4酉 　 5戌
3寅 6亥	6亥 3寅	9申 10未
시 8卯 　 1子	5戌 4酉	월 10未 　 9申

5. 유년 계산

유년이란 추명명리에서 대운과 같은 의미이다.

기문에서는 대운수를 사용하지 않고 구궁에 포국된 수리로 계산하게 된다.

지반수는 구궁 순행으로 계산하고 천반수는 구궁 역행으로 계산하여 나간다.

시작하는 궁은 세궁에서 시작하게 된다.

지반수 계산이 끝나게 되면 45로 끝나게 된다.

천반수 계산이 끝나게 되면 90으로 끝나게 된다.

구궁 10수는 중궁 은복수로 계산하게 된다.

다음 사주에 **유년**을 계산한다.

예1) 丁 戊 丙 丙　　남
　　　巳 寅 申 戌　　6/2변국

72 62 52 42 32 22 12 2
甲 癸 壬 辛 庚 己 戊 丁
辰 卯 寅 丑 子 亥 戌 酉

시		월
2 6 -26-71	7 1 -8-90	4 4 -15-78
3 5 -20-74	6 2 -28-69	9 9 -45-62
세 8 10 -7-53	5 3 -11-83	연 10 8 -36-63

지반수 유년계산은 세궁의 지반수에서 시작하여 구궁 순행한다.

세궁은 간궁에 지반수가 10으로 10수는 불응하므로

중궁 은복수인 7을 사용한다.

간궁에서 7세까지 간궁에 있게 된다.

이궁 1+간궁 7=8이 된다. 8세 이궁에 있게 된다.

감궁 3+이궁 8=11이 된다. 9세부터 11세까지 감궁에 있게 된다.

곤궁 4+감궁11=15가 된다. 12세부터 15세까지 곤궁에 있게 된다.

진궁5+곤궁15=20이 된다. 16세부터 20세까지 진궁에 있게 된다.

손궁6+진궁20=26이 된다. 21세부터 26세까지 손궁에 있게 된다.

중궁2+손궁26=28이 된다. 27세부터 28세까지 중궁에 있게 된다.

건궁8+중궁28=36이 된다. 29세부터 36세까지 건궁에 있게 된다.

태궁9+건궁36=45가 된다. 37세부터 45세까지 태궁에 있게 된다.

천반수 유년계산은 세궁의 천반수에서 시작하며

세궁 천반수와 45를 합한 수가 세궁의 유년이 되며 구궁 역행한다.

세궁인 간궁 천반수 8+태궁45=53이 된다. 46세부터 53세까지 간궁에 있게 된다.

태궁 9+간궁 53=62가 된다. 54세부터 62세까지 태궁에 있게 된다.

건궁 은복수 1+62=63이 된다.63세가 건궁에 있게 된다.

중궁 6+건궁 63=69가 된다. 64부터 69세까지 중궁에 있게 된다.

손궁 2+중궁 69=71이 된다. 70세부터 71세까지 손궁에 있게 된다.

진궁 3+손궁 71=74가 된다. 72세부터 74세까지 진궁에 있게 된다.

곤궁 4+진궁 74=78이 된다. 75세부터 78세까지 곤궁에 있게 된다.

감궁 5+곤궁 78=83이 된다. 79세부터 83세까지 감궁에 있게 된다.

이궁 7+감궁 83=90이 된다. 84세부터 90세까지 이궁에 있게 된다.

예2) 丁 辛 庚 辛　　남
　　　酉 丑 子 巳　　9/1변국

64 54 44 34 24 14 4
癸 甲 乙 丙 丁 戊 己
巳 午 未 申 酉 戌 亥

연 5 5 −29−65	10 10 −15−90	7 3 −20−78
6 4 −24−71	9 1 −30−60	시 2 8 −45−48
세 1 9 −9−46	월 8 2 −17−86	3 7 −37−51

지반수 유년계산은 세궁의 지반수에서 시작하여 구궁 순행한다.

세궁인 간궁에 지반수가 9이므로 간궁 세궁에 9세까지 있게 된다.

이궁의 지반수가 10수이며 10수는 불응하므로 중궁 은복수인 6을 사용한다.

이궁은 중궁은복수 6+간궁 9=15가 된다.

이궁에 10세부터 15세까지 이궁에 있게 된다.

감궁 2+이궁 15=17이 된다. 16세부터 17세까지 감궁에 있게 된다.

곤궁 3+가궁 17=20이 된다. 18세부터 20세까지 곤궁에 있게 된다.

진궁 4+곤궁 20=24가 된다. 21세부터 24세까지 진궁에 있게 된다.

손궁 5+진궁 24=29가 된다. 25세부터 29세까지 손궁에 있게 된다.

중궁 1+손궁 29=30이 된다. 30세가 중궁에 있게 된다.

건궁 7+중궁 30=37이 된다. 31세부터 37세까지 건궁에 있게 된다.
태궁 8+건궁 37=45가 된다. 38세부터 45세까지 태궁에 있게 된다.

천반수 유년계산은 세궁의 천반수에서 시작하며
세궁 천반수와 45를 합한 수가 세궁의 유년이 되며 구궁 역행한다.
세궁인 간궁 천반수1+태궁45=46이 된다. 46세가 간궁에 있게 된다.
태궁 2+간궁 46=48이 된다. 47세부터 48세까지 태궁에 있게 된다.
건궁 3+태궁 48=51이 된다. 49세부터 51세까지 건궁에 있게 된다.
중궁 9+건궁 51=60이 된다. 52세부터 60세까지 중궁에 있게 된다.
손궁 5+중궁 60=65가 된다. 61세부터 65세까지 손궁에 있게 된다.
진궁 6+손궁 65=71이 된다. 66세부터 71세까지 진궁에 있게 된다.
곤궁 7+진궁 71=78이 된다. 72세부터 78세까지 곤궁에 있게 된다.
감궁 8+곤궁 78=86이 된다. 79세부터 86세까지 감궁에 있게 된다.
이궁 10수는 불응하므로 중궁 은복수 4를 사용한다.
이궁 은복수 4+감궁 86=90이 된다. 87세부터 90세까지 이궁에 있게 된다.

예3) 丁 甲 甲 甲   남
      卯 子 戌 午   7/5변국

61 51 41 31 21 11 1
辛 庚 己 戊 丁 丙 乙
巳 辰 卯 寅 丑 子 亥

	연	
3 4 −10−81	8 9 −45−59	5 2 −3−90
시 4 3 −6−85	7 5 −15−78	10 7 −28−70
9 8 −36−68	세 6 1 −1−51	월 1 6 −21−71

지반수 유년계산은 세궁의 지반수에서 시작하여 구궁 순행한다.

세궁인 감궁에 지반수가 1이므로 세궁인 감궁에 1세가 된다.

곤궁 2+감궁 1=3이 된다. 곤궁에 2세부터 3세까지 곤궁에 있게 된다.

진궁 3+곤궁 3=6이 된다. 진궁에 4세부터 6세까지 진궁에 있게 된다.

손궁 4+진궁 6=10이 된다. 손궁에 7세부터 10세까지 손궁에 있게 된다.

중궁 5+손궁 10=15가 된다. 중궁에 11세부터 15세까지 중궁에 있게 된다.

건궁 6+중궁 15=21이 된다. 건궁에 16세부터 21세까지 건궁에 있게 된다.

태궁 7+건궁 21=28이 된다. 22세부터 28세까지 태궁에 있게 된다.

간궁 8+태궁 29=36이 된다. 29세부터 36세까지 간궁에 있게 된다.

이궁 9+간궁 36=45가 된다. 37세부터 45세까지 이궁에 있게 된다.

천반수 유년계산은 세궁의 천반수에서 시작하며

세궁 천반수와 45를 합한 수가 세궁의 유년이 되며 구궁 역행한다.

세궁인 감궁 천반수6+감궁45=51이 된다.

46세부터 51세까지 감궁에 있게 된다.

이궁 8+감궁 51=59가 된다. 52세부터 59세까지 이궁에 있게 된다.

간궁 9+이궁 59=68이 된다. 60세부터 68세까지 간궁에 있게 된다.

태궁 10은 불응하므로 중궁 은복수 2를 사용한다.

태궁 2+68=70이 된다. 69세부터 70세까지 태궁에 있게 된다.

건궁 1+태궁 70=71이 된다. 71세가 건궁에 있게 된다.

중궁 7+건궁 71=78이 된다. 72세부터 78세까지 중궁에 있게 된다.

손궁 3+중궁 78=81이 된다. 79세부터 81세까지 손궁에 있게 된다.

진궁 4+손궁 81=85가 된다.82세부터 85세까지 진궁에 있게 된다.

곤궁 5+진궁 85=90이 된다. 86세부터 90세가지 곤궁에 있게 된다.

예4) 庚 丁 丙 壬　여
　　　子 酉 午 寅　5/3변국

57 47 37 27 17 7
庚 辛 壬 癸 甲 乙
子 丑 寅 卯 辰 巳

	월	
1 7 -33-68	6 2 -11-83	3 5 -20-73
2 6 -26-70	5 3 -36-67	세 8 10 -8-53
연 7 1 -9-90	시 4 4 -15-77	9 9 -45-62

지반수 유년계산은 세궁의 지반수에서 시작하여 구궁 순행한다.

세궁인 태궁에 지반수가 10이므로 10수 불응이므로

중궁 은복수 8을 사용한다.

세궁인 태궁에 8세까지 있게 된다.

간궁 1+태궁 8=9가 된다. 9세가 간궁에 있게 된다.

이궁 2+간궁 9=11이 된다. 10세부터 11세까지 이궁에 있게 된다.

감궁 4+이궁 11=15가 된다. 12세부터 15세까지 감궁에 있게 된다.

곤궁 5+감궁 15=20이 된다. 16세부터 20세까지 곤궁에 있게 된다.

진궁 6+곤궁 20=26이 된다. 21세부터 26세까지 진궁에 있게 된다.

손궁 7+진궁 26=33이 된다. 27세부터 33세까지 손궁에 있게 된다.

중궁 3+손궁 33=36이 된다. 34세부터 36세까지 중궁에 있게 된다.
건궁 9+중궁 36=45가 된다. 37세부터 45세까지 건궁에 있게 된다.

천반수 유년계산은 세궁의 천반수에서 시작하며
세궁 천반수와 45를 합한 수가 세궁의 유년이 되며 구궁 역행한다.
세궁인 태궁 천반수 8+건궁 45=53이 된다.
46세부터 53세까지 태궁에 있게 된다.
건궁 9+태궁 53=62가 된다. 54세부터62세까지 건궁에 있게 된다.
중궁 5+건궁 62=67이 된다. 63세부터 67세까지 중궁에 있게 된다.
손궁 1+중궁 67=68이 된다. 68세가 손궁에 있게 된다.
진궁 2+손궁 68=70이 된다. 69세부터 70세까지 진궁에 있게 된다.
곤궁 3+진궁 70=73이 된다. 71세부터 73세까지 곤궁에 있게 된다.
감궁 4+곤궁 73=77이 된다. 74세부터 77세까지 감궁에 있게 된다.
이궁 6+감궁 77=83이 된다. 78세부터 83세까지 이궁에 있게 된다.
간궁 7+이궁 83=90이 된다. 84세부터 90세까지 간궁에 있게 된다.

예5) 戊 庚 辛 丁　　남
　　　寅 申 亥 巳　　6/3변국

```
62 52 42 32 22 12 2
甲  乙  丙  丁  戊  己  庚
辰  巳  午  未  申  酉  戌
```

연		세
2 7 −18−87	7 2 −41−61	4 5 −5−49
3 6 −11−90	6 3 −21−85	9 10 −38−78
시 8 1 −39−69	5 4 −45−54	월 10 9 −30−79

지반수 유년계산은 세궁의 지반수에서 시작하여 구궁 순행한다.

세궁인 곤궁에 지반수가 5이므로

곤궁에 5세가 된다. 5세까지 곤궁에 있게 된다.

진궁 6+곤궁 5=11이 된다. 6세부터 11세까지 진궁에 있게 된다.

손궁 7+진궁 11=18이 된다. 12세부터 18세까지 손궁에 있게 된다.

중궁 3+손궁 18=21이 된다. 19세부터 21세까지 중궁에 있게 된다.

건궁 9+중궁 21=30이 된다. 22세부터 30세까지 건궁에 있게 된다.

태궁 10이며 10수 불응하므로 중궁 은복 수 8을 사용한다.

태궁 8+건궁 30=38이 된다. 31세부터 38세까지 태궁에 있게 된다.

간궁 1+태궁 38=39가 된다. 39세가 있게 된다.

이궁 2+간궁 39=41이 된다. 40세부터 41세까지 이궁에 있게 된다.
감궁 4+이궁 41=45가 된다. 42세부터 45세까지 감궁에 있게 된다.

천반수 유년계산은 세궁의 천반수에서 시작하며
세궁 천반수와 45를 합한 수가 세궁의 유년이 되며 구궁 역행한다.
세궁인 곤궁 천반수 4+감궁 45=49가 된다.
46세부터 49세까지 곤궁에 있게 된다.
감궁 5+곤궁 49=54가 된다. 50세부터 54세까지 감궁에 있게 된다.
이궁 7+감궁 54=61이 된다. 55세부터 61세까지 이궁에 있게 된다.
간궁 8+이궁 61=69가 된다. 62세부터 69세까지 간궁에 있게 된다.
태궁 9+간궁 69=78이 된다. 70세부터 78세까지 태궁에 있게 된다.
건궁 10이며 10수 불응하므로 중궁 은복 수 1을 사용한다.
건궁 1+태궁 78=79가 된다. 79세가 건궁에 있게 된다.
중궁 6+건궁 79=85가 된다. 80세부터 85세까지 중궁에 있게 된다.
손궁 2+중궁 85=87이 된다. 86세부터 87세까지 손궁에 있게 된다.
진궁 3+손궁 87=90이 된다. 88세부터 90세까지 진궁에 있게 된다.

유년에 해당되는 궁은 동처가 된다.
　정처도 나이에 따라 동처로 변한다는 것이다.

6. 육신

추명명리는 일간을 기준하여 사주 내에 있는 천간과 지지를
음양오행 대조하여 표출하게 된다.
기문국은 세궁 지반수를 기준하여 기문 국에 포국된 천반수와 지반수를
음양오행 대조하여 육신을 표출하게 된다.
표출하는 기준이 기문국과 추명명리의 다른 점이라 하겠다.
추명명리와 음양오행을 보아서 육신을 표출하는 것은 동일하다.
추명명리에서는 사, 오, 해, 자가 음양이 바뀌게 되나
홍국수에서는 음양이 바뀌지 않는다.
양수는 1, 3, 5, 7, 9 이다.(홀수)
음수는 2, 4, 6, 8, 10 이다.(짝수)
木 ; 3과 8, 火 ; 2와 7, 土 ; 5와 10, 金 ; 4와 9, 水 ; 1과 6

1) 홍국수의 육신관계 도표

세궁지 반수 ↓	1	2	3	4	5	6	7	8	9	10
1	비견	정재	식신	정인	편관	겁재	편재	상관	편인	정관
2	정관	비견	정인	편재	상관	편관	겁재	편인	정재	식신
3	편인	상관	비견	정관	편재	정인	식신	겁재	편관	정재
4	상관	편관	정재	비견	정인	식신	정관	편재	겁재	편인
5	편재	정인	편관	상관	비견	정재	편인	정관	식신	겁재
6	겁재	편재	상관	편인	정관	비견	정재	식신	정인	편관
7	편관	겁재	편인	정재	식신	정관	비견	정인	편재	상관
8	정인	식신	겁재	편관	정재	편인	상관	비견	정관	편재
9	식신	정관	편재	겁재	편인	상관	편관	정재	비견	정인
10	정재	편인	정관	식신	겁재	편재	정인	편관	상관	비견

기문에서는 남녀 모두 인성이 부모가 된다.

    정인 ; 아버지

    편인 ; 어머니

남녀 모두 식상이 자식이 된다.

    상관 ; 아들

    식신 ; 딸

재성이 처와 재가 된다.

    정재 ; 처

    편재 ; 밖의 여자

관살이 남자와 직업이 된다.

    정관 ; 남편

    편관 ; 밖의 남자

기문과 추명명리 육친관계는 조금 다르다 하겠다.
추명명리에서 육신은 다 알고 있으므로
각 육신을 간단하게 설명한다.

2) 각 육신의 의의

- **비겁**(비견, 겁재) ; 터전, 손실, 독자적, 주장, 독립
- **식상**(식신, 상관) ; 생생, 투자, 소비, 파종, 성장기
- **재성**(편재, 정재) ; 양생, 청년기, 생육, 힘 소모
- **관성**(편관, 정관) ; 생육, 중 장년기, 힘 소모
- **인성**(편인, 정인) ; 수생, 추수, 유아기, 노년기

다음 사주에 **육신**을 포국한다.

72 62 52 42 32 22 12 2

甲 癸 壬 辛 庚 己 戊 丁

辰 卯 寅 丑 子 亥 戌 酉

시		월
2 **편인** 6 **편재** -26-71	7 **정인** 1 **정재** -8-90	4 **식신** 4 **식신** -15-78
3 **정관** 5 **겁재** -20-74	6 **편재** 2 **편인** -28-69	9 **상관** 9 **상관** -45-62
세 8 **편관** 10 - -7-53	5 **겁재** 3 **정관** -11-83	연 10 **비견** 8 **편관** -36-63

육
신

57

64 54 44 34 24 14 4
癸 甲 乙 丙 丁 戊 己
巳 午 未 申 酉 戌 亥

연
  5 편인
  5 편인
-29-65
	10 정인
	10 정인
	-15-90
		7 편관
		3 편재
		-20-78

6 상관
4 겁재
-24-71
	9 비견
	1 식신
	-30-60
		시
		  2 정관
		  8 정재
		-45-48

세
  1 식신
  9 -
-9-46
	월
	  8 정재
	  2 정관
	-17-86
		3 편재
		7 편관
		-37-51

예3) 丁 甲 甲 甲 남
　　 卯 子 戌 午 7/5변국

61 51 41 31 21 11 1
辛 庚 己 戊 丁 丙 乙
巳 辰 卯 寅 丑 子 亥

	연	
3 식신 4 정인 -10-81	8 상관 9 편인 -45-59	5 편관 2 정재 -3-90
시 4 정인 3 식신 -6-85	7 편재 5 편관 -15-78	10 정관 7 편재 -28-70
9 편인 8 상관 -36-68	세 6 겁재 1 - -1-51	월 1 비견 6 겁재 -21-71

예4) 庚 丁 丙 壬　　여
　　子 酉 午 寅　　5/3변국

57 47 37 27 17 7
庚 辛 壬 癸 甲 乙
子 丑 寅 卯 辰 巳

	월 	
1 정재 7 정인 -33-68	6 편재 2 편인 -11-83	3 정관 5 겁재 -20-73
2 편인 6 편재 -26-70	5 겁재 3 정관 -36-67	세 8 편관 10　 - -8-53
연 7 정인 1 정재 -9-90	시 4 식신 4 식신 -15-77	9 상관 9 상관 -45-62

예5) 戊 庚 辛 丁　　남
　　　寅 申 亥 巳　　6/3변국

62 52 42 32 22 12 2
甲 乙 丙 丁 戊 己 庚
辰 巳 午 未 申 酉 戌

연 　2 정인 　7 편인 -18-87	7 편인 　2 정인 -41-61	세 　4 상관 　5 - -5-49
3 편관 　6 정재 -11-90	6 정재 　3 편관 -21-85	9 식신 10 겁재 -38-78
시 　8 정관 　1 편재 -39-69	5 비견 　4 상관 -45-54	월 10 겁재 　9 식신 -30-79

7. 육의삼기

육의삼기는 9성, 8장과 함께 연국에 속한다.

육의삼기란 10간의 별칭 용어이다.

戊 己 庚 辛 壬 癸 丁 丙 乙 육의와 삼기를 합하여 육의삼기라 한다.

육의는 戊 己 庚 辛 壬 癸로 6개를 말한다.

삼기는 丁 丙 乙 3개를 말한다.

戊 己 庚 辛 壬 癸 丁 丙 乙 육의삼기를 차례대로 필히 외울 것.

甲은 庚金의 칼이 무서워서 피하고 숨어서 나타나지를 않으므로

甲 대신 戊로 대신하게 된다.

연주 월주 일주 시주 천간이 갑인 경우에는 순수를 찾아서

갑 대신 순수로 대신하게 된다.

순수는 다음과 같다.

갑자=무, 갑인=계, 갑진=임, 갑오=신, 갑신=경, 갑술=기 이다.

지반 육의삼기가 포국되면 4간을 표기한다.

예 사주들을 보게 되면 알 수가 있겠다.

육의삼기는 연국 해단에서 중요한 역할을 하게 된다.

육의삼기는 천반육의삼기와 지반육의삼기가 있다.

1) 지반육의삼기 포국법

⑴ 일주 삼원수를 절기별로 산출하고

⑵ 일주 삼원수가 구궁의 고유 수가 있는 궁에서 선행주자인 戊를 시작하여

　　양둔은 구궁 순행하고 음둔은 구궁 역행한다.

　　양둔은 동지시작 시간부터 하지시간 전까지 구궁 순행한다.

　　음둔은 하지시작 시간부터 동지시간 전까지 구궁 역행한다.

　　출생 월일시를 기준하여 양둔 음둔을 구별한다.

2) 삼원 수 도표

	상원	중원	하원
입하	4	1	7
소만	5	2	8
망종	6	3	9

	상원	중원	하원
하지	9	3	6
소서	8	2	5
대서	7	1	4

	상원	중원	하원
입추	2	5	8
처서	1	4	7
백로	9	3	6

	상원	중원	하원
춘분	3	9	6
청명	4	1	7
곡우	5	2	8

	상원	중원	하원
추분	7	1	4
한로	6	9	3
상강	5	8	2

	상원	중원	하원
입춘	8	5	2
우수	9	6	3
경칩	1	7	4

	상원	중원	하원
동지	1	7	4
소한	2	8	5
대한	3	9	6

	상원	중원	하원
입동	6	9	3
소설	5	8	2
대설	4	7	1

요즘에는 상기도표를 사용하지 않아도

시중에 기문만세력이 나와 있으므로

기문만세력을 구입하면 절기와 삼원수가 잘 되어 있어서

기문만세력으로 대신하면 편리하다.

3) 각 지반육의삼기 도표

양둔1국

신	을	기
경	임	정
병	무	계

양둔2국

경	병	무
기	신	계
정	을	임

양둔3국

기	정	을
무	경	임
계	병	신

양둔4국

무	계	병
을	기	신
임	정	경

양둔5국

을	임	정
병	무	경
신	계	기

양둔6국

병	신	계
정	을	기
경	임	무

양둔7국

정	경	임
계	병	무
기	신	을

양둔8국

계	기	신
임	정	을
무	경	병

양둔9국

임	무	경
신	계	병
을	기	정

음둔1국

정	기	을
병	계	신
경	무	임

음둔2국

병	경	무
을	정	임
신	기	계

음둔3국

을	신	기
무	병	계
임	경	정

음둔4국

무	임	경
기	을	정
계	신	병

음둔5국

기	계	신
경	무	병
정	임	을

음둔6국

경	정	임
신	기	을
병	계	무

음둔7국

신	병	계
임	경	무
을	정	기

음둔8국

임	을	정
계	신	기
무	병	경

음둔9국

계	무	병
정	임	경
기	을	신

다음 예 사주들을 **지반육의삼기**를 포국한다.

예1) 丁 戊 丙 丙　　남
　　 巳 寅 申 戌　　6/2변국, 음둔 처서하원 7국

72 62 52 42 32 22 12 2
甲 癸 壬 辛 庚 己 戊 丁
辰 卯 寅 丑 子 亥 戌 酉

시 　2 편인 　6 편재 **辛** -26-71	연간, 월간 　7 정인 　1 정재 **丙** -8-90	월 　4 식신 　4 식신 **癸** -15-78
3 정관 　5 겁재 **壬** -20-74	6 편재 　2 편인 **庚** -28-69	일간 　9 상관 　9 상관 **戊** -45-62
세 　8 편관 10 － 乙 -7-53	시간 　5 겁재 　3 정관 **丁** -11-83	연 10 비견 　8 편관 **己** -36-63

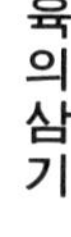

예2) 丁 辛 庚 辛   남
　　　酉 丑 子 巳   9/1변국, 음둔 윤 대설중원 7국

64 54 44 34 24 14 4

癸 甲 乙 丙 丁 戊 己

巳 午 未 申 酉 戌 亥

연, 연간, 일간 5 편인 5 편인 辛 -29-65	10 정인 10 정인 丙 -15-90	7 편관 3 편재 癸 -20-78
6 상관 4 겁재 壬 -24-71	월간 9 비견 1 식신 庚 -30-60	시 2 정관 8 정재 戊 -45-48
세 1 식신 9 － 乙 -9-46	월, 시간 8 정재 2 정관 丁 -17-86	3 편재 7 편관 己 -37-51

예3) 丁 甲 甲 甲　　남
　　 卯 子 戌 午　　7/5변국, 음둔 입동상원 6국

61 51 41 31 21 11 1
辛 庚 己 戊 丁 丙 乙
巳 辰 卯 寅 丑 子 亥

3 식신 4 정인 庚 -10-81	연, 시간 8 상관 9 편인 丁 -45-59	5 편관 2 정재 壬 -3-90
시, 연간 4 정인 3 식신 辛 -6-85	월간 7 편재 5 편관 己 -15-78	10 정관 7 편재 乙 -28-70
9 편인 8 상관 丙 -36-68	세 6 겁재 1 － 癸 -1-51	월, 일간 1 비견 6 겁재 戊 -21-71

예4) **庚 丁 丙 壬   여**
子 酉 午 寅   5/3변국, 음둔 하지상원 9국

57 47 37 27 17 7
庚 辛 壬 癸 甲 乙
子 丑 寅 卯 辰 巳

	월	월간
1 정재 7 정인 **癸** -33-68	6 편재 2 편인 **戊** -11-83	3 정관 5 겁재 **丙** -20-73
일간 2 편인 6 편재 **丁** -26-70	연간 5 겁재 3 정관 **壬** -36-67	**세**, 시간 8 편관 10 － **庚** -8-53
연 7 정인 1 정재 **己** -9-90	시 4 식신 4 식신 **乙** -15-77	9 상관 9 상관 **辛** -45-62

예5) 戊 庚 辛 丁　　남
　　　寅 申 亥 巳　　6/3변국, 음둔 입동하원 3국

62 52 42 32 22 12 2
甲 乙 丙 丁 戊 己 庚
辰 巳 午 未 申 酉 戌

연	월간	세
2 정인 7 편인 乙 −18−87	7 편인 2 정인 辛 −41−61	4 상관 5 − 己 −5−49
시간 3 편관 6 정재 戊 −11−90	6 정재 3 편관 丙 −21−85	9 식신 10 겁재 癸 −38−78
시 8 정관 1 편재 壬 −39−69	일간 5 비견 4 상관 庚 −45−54	월, 연간 10 겁재 9 식신 丁 −30−79

4) 천반 육의삼기 포국법

⑴ 사주의 시주를 기준 한다.

⑵ 시주 순수를 찾는다.

⑶ 시주 천간이 있는 지반육의삼기 위에 시주의 순수를 올린다.

⑷ 시주 순수는 지반육의삼기가 어느 궁에서 왔는지를 보아서

　　가까운 구궁 순서대로 지반육의삼기 위에 천반육의삼기를 포국하게 된다.

5) 부두순수

甲子=戊 ; 갑자 을축 병인 정묘 무진 기사 경오 신미 임신 계유

甲寅=癸 ; 갑인 을묘 병진 정사 무오 기미 경신 신유 임술 계해

甲辰=壬 ; 갑진 을사 병오 정미 무신 기유 경술 신해 임자 계축

甲午=辛 ; 갑오 을미 병신 정유 무술 기해 경자 신축 임인 계묘

甲申=庚 ; 갑신 을유 병술 정해 무자 기축 경인 신묘 임진 계사

甲戌=己 ; 갑술 을해 병자 정축 무인 기묘 경진 신사 임오 계미

예를 들어　　정유시라면 정유는 갑오 순에 속하며 갑오는 순수가 신이 된다.

　　　　　　　계축시라면 계축은 갑진 순에 속하며 갑진은 순수가 임이 된다.

　　　　　　　다른 육십갑자도 상기와 같은 방법으로 찾게 된다.

장중 속지법으로 찾으면 편리하다.

정유시라면 유위에 정을 올려 역순으로 짚어나가게 되면

정유에서 병신 을미 갑오를 만나게 된다.

갑오는 순수가 신이므로 정유 시는 순수가 신이 된다.

계축시라면 축 위에 계를 올려 역순으로 짚어나가게 되면

계축에서 임자 신해 경술 기유 무신 정미 병오 을사 갑진을 만나게 된다.

갑진은 순수가 임이므로 계축 시는 순수가 임이 된다.

같은 방법을 사용하면 순수를 찾는 되는 어려움이 없으리라 생각한다.

아래 사주들을 **천반육의삼기**를 포국한다.

72 62 52 42 32 22 12 2
甲 癸 壬 辛 庚 己 戊 丁
辰 卯 寅 丑 子 亥 戌 酉

시 　2 편인 丁 　6 편재 辛 −26−71	연간, 월간 　7 정인 乙 　1 정재 丙 −8−90	월 　4 식신 壬 　4 식신 癸 −15−78
3 정관 己 　5 겁재 壬 −20−74	6 편재 　2 편인 庚 −28−69	일간 　9 상관 辛 　9 상관 戊 −45−62
세 　8 편관 戊 10 −　乙 −7−53	시간 　5 겁재 癸 　3 정관 丁 −11−83	연 10 비견 丙 　8 편관 己 −36−63

정사 시는 순수가 갑인 계가 되어

시간 정위에 계를 올려

가까운 방향으로

돌아가면서 천반육의삼기가 포국된다.

예2) 丁 辛 庚 辛　　남
　　　酉 丑 子 巳　　9/1변국, 음둔 윤 대설중원 7국

64 54 44 34 24 14 4
癸 甲 乙 丙 丁 戊 己
巳 午 未 申 酉 戌 亥

연, 연간, 일간 　5 편인 **戊** 　5 편인 辛 -29-65	10 정인 **己** 10 정인 丙 -15-90	7 편관 **丁** 3 편재 癸 -20-78
6 상관 **癸** 　4 겁재 壬 -24-71	월간 9 비견 1 식신 庚 -30-60	시 2 정관 **乙** 8 정재 戊 -45-48
세 　1 식신 **丙** 　9 － 乙 -9-46	월, 시간 8 정재 **辛** 2 정관 丁 -17-86	3 편재 **壬** 7 편관 己 -37-51

정유 시는 순수가 갑오 신이 되어

시간 정위에 신을 올려

가까운 방향으로

돌아가면서 천반육의삼기가 포국된다.

예3) 丁 甲 甲 甲　　남
　　　卯 子 戌 午　　7/5변국, 음둔 입동상원 6국

61 51 41 31 21 11 1
辛 庚 己 戊 丁 丙 乙
巳 辰 卯 寅 丑 子 亥

	연, 시간	
3 식신 乙 4 정인 庚 -10-81	8 상관 戊 9 편인 丁 -45-59	5 편관 癸 2 정재 壬 -3-90
시, 연간 4 정인 壬 3 식신 辛 -6-85	월간 7 편재 庚 5 편관 己 -15-78	10 정관 丙 7 편재 乙 -28-70
9 편인 丁 8 상관 丙 -36-68	세 6 겁재 庚 1 － 癸 -1-51	월, 일간 1 비견 辛 6 겁재 戊 -21-71

정묘 시는 순수가 갑자 무가 되어
시간 정위에 무를 올려
가까운 방향으로
돌아가면서 천반육의삼기가 포국된다.

예4) 庚 丁 丙 壬　　여
　　　子 酉 午 寅　　5/3변국, 음둔 하지상원 9국

57 47 37 27 17 7
庚 辛 壬 癸 甲 乙
子 丑 寅 卯 辰 巳

	월	월간
1 정재 戊 7 정인 癸 -33-68	6 편재 丙 2 편인 戊 -11-83	3 정관 庚 5 겁재 丙 -20-73
일간 2 편인 癸 6 편재 丁 -26-70	연간 5 겁재 3 정관 壬 -36-67	세, 시간 8 편관 辛 10 － 庚 -8-53
연 7 정인 丁 1 정재 己 -9-90	시 4 식신 己 4 식신 乙 -15-77	9 상관 乙 9 상관 辛 -45-62

경자 시는 순수가 갑오 신이 되어

시간 경위에 신을 올려

가까운 방향으로

돌아가면서 천반육의삼기가 포국된다.

예5) 戊 庚 辛 丁　남
　　　寅 申 亥 巳　　6/3변국, 음둔 입동하원 3국

62 52 42 32 22 12 2
甲 乙 丙 丁 戊 己 庚
辰 巳 午 未 申 酉 戌

연	월간	세
2 정인 癸 7 편인 乙 −18−87	7 편인 丁 2 정인 辛 −41−61	4 상관 庚 5 − 己 −5−49
시간 3 편관 己 6 정재 戊 −11−90	6 정재 3 편관 丙 −21−85	9 식신 壬 10 겁재 癸 −38−78
시 8 정관 辛 1 편재 壬 −39−69	일간 5 비견 乙 4 상관 庚 −45−54	월, 연간 10 겁재 戊 9 식신 丁 −30−79

무인 시는 순수가 갑술 기가 되어

시간 무위에 기를 올려

가까운 방향으로

돌아가면서 천반육의삼기가 포국된다.

육의삼기 복음격

복음이란 천반육의삼기와 지반육의삼기가

각 구궁에 상하로 동일하게 포국 되어 있으면 복음격이라 한다.

갑자 무에 무진 시

갑인 계에 계해 시

갑진 임에 임자 시

갑오 신에 신축 시

갑신 경에 경인 시

갑술 기에 기묘 시가 복음격이 된다.

반음이란 시간과 순수가 대충 방(서로 마주보고 있는 궁)에 있으면 반음이라 한다.

복음국에서는 복지부동하고 일체의 일을 벌리지 않는 것이 좋다.

반음에는 부부관계에 어려움이 많게 된다.

천반 육의삼기 포국의 별례

– 시간이 입중포국 되었을 때

예) 양둔2국 신축 시일 때, 순수갑오 신

경 경	병 병	辛 戊(辛)
기 기	辛	계 계
정 정	을 을	임 임

신축 시 시간 辛이 중궁에 입중 포국되어 있으므로

중궁에는 천반육의삼기를 포국하지 않으므로

중궁에 있는 시간 辛은 곤궁에 있는 것으로 간주한다.

중궁에 시 순수를 포국하지 않고 곤궁 戊위에 천반육의삼기를 올리게 된다.

천 지반육의삼기가 상하로 동일하게 포국되어 복음격이 된다.

- 시의 순수가 입중포국 되었을 때

예) 음둔5국 을축 시일 때, 순수 갑자 무

정 기	경 계	기 신(戊)
임 경	戊	계 병
을 정	병 임	무 을

을축 시 순수는 갑자 戊이므로 시 순수가 입중 포국되어 있다.

중궁에 있는 시 순수 戊는 곤궁에 있는 것으로 간주한다.

지반육의삼기 건궁 乙위에 천반육의삼기 戊를 올린다.

시 순수 戊는 중궁에 있으나 곤궁에 있는 것으로 간주하여

곤궁에서 건궁으로 이동하였다.

다른 육의삼기는 가까운 방향으로 이동하면서 포국된다.

10간 각각에 내포되어 있는 속성

- 甲 ; 청룡, 배, 몽둥이, 대목, 홀로 서있는 나무
- 乙 ; 청룡, 도화, 꽃, 싹, 잡초, 넝쿨나무, 삼기
- 丙 ; 새, 태양, 용광로, 형혹성, 삼기
- 丁 ; 달, 주작, 구설, 열, 형혹성, 삼기
- 戊 ; 화로, 대머리 산, 큰 산, 큰 돌, 천강성
- 己 ; 습토, 웅덩이, 옥토, 기름진 땅, 묘지, 구진, 천강성
- 庚 ; 백호, 도끼, 칼, 태백성
- 辛 ; 보석, 기와, 작은 칼, 침, 주옥
- 壬 ; 바다, 강물, 늪, 혼탁한 물, 폭우, 현무
- 癸 ; 이슬, 구름, 시냇물, 도적, 현무

갑은 천 지반육의삼기에 나타나지 않으나

갑자 무, 갑인 계, 갑진 임, 갑오 신, 갑신 경, 갑술 기,

갑으로 보게 된다.

천 지반 육의삼기 십간대응결

복음격

● **甲加甲(쌍목성림)**

큰 나무가 숲을 이룬 형상으로 정직과 위엄으로 부귀와 영화가 올 기운이다.

그러나 추명명리에서는 갑목이 2개 이상 투출하면 파가라 하여

가정파괴 파산곤란 승도라 하여 눈물이 앞을 가린다고 한다.

이것은 갑이 모이면 창천의 기미가 있으니 고집이 강해지는 이유이다.

실제로 포국에서 나타나지 않는다.

● **乙加乙(복음잡초)**

넝쿨나무가 뒤엉켜 있는 형상으로 전진하는 것은 좋지 못하고

분수를 지키는 것이 좋다하겠다.

부부간에 이 사별이 따르고 재물을 파산하고 처량한 신세이다.

을 목 겁재가 모여서 재성인 재물과 처를 극하기 때문이다.

● **丙加丙(복음홍광)**

불과 불이 모여서 허상만 있지 실속이 없다.

丁加丁(양화성염); 불과 불이 모여서 어둠을 밝혀 주위가 밝아지는 형상이다.

삼기인 정 주작이 들어오니 전화 통신 소식에 길하다.

● **戊加戊(첩첩산중)**

큰 산이 겹쳐서 첩첩산중의 형국이다.

모든 일이 막히고 나아가고자하나 힘만 소모될 뿐

이루는 것이 없겠으니 자중하도록 하여야 한다.

● 己加己(복음연약)

모래위에 또 모래를 쌓으니 허물어지게 된다.

모든 일이 실패하고 묘지의 발동이니 병자는 흉하게 된다.

● 庚加庚(복음전격)

백호와 백호가 포호하면서 싸우는 형상이다.

상처를 받게 되고 관재구설과 봉변을 당하게 된다.

갈등과 대립으로 불화하여 싸움이 있게 된다.

● 辛加辛(복음상극)

보석과 보석을 한주머니에 넣게 되어 보석이 망가지게 된다.

사사로운 이익을 추구하다가 관재구설을 당하게 된다.

● 壬加壬(복음지망)

혼탁한 물에 혼탁한 물을 더하는 형상이다.

안 밖으로 일이 모두 번잡하고 막힐 기운이다.

님 님 음란이라 색정을 밝히나 복음이 되어 구설만 생기게 되는 기운이다.

● 癸加癸(복음천라)

구름이 모여 있는 형상이다.

앞이 보이지 않아 전진하는 것은 위험이 따른다.

숨어서 하는 사랑 또한 구설이 있을 기운이다.

● 갑가갑(쌍목성림) 복음격 참조

● 갑가을(등라반목)

넝쿨나무가 큰 나무를 감고 있는 형상이다.

귀인이 풀어주어도 풀리지 않을 기운이다.

● 갑가병(청용반수)

태양위에 청용이 날아가는 형상이다.
흉한일이 변하여 길하게 되며 움직이게 되면 이익이 따를 기운이다.
모든 일에 장애가 없고 어려움이 없다.

● 갑가정(건시열화)

불에 나무를 말리는 형상이다.
귀인을 만나고 서로 도움이 되는 기운이다.

● 갑가무(독산고목)

벌거숭이산에 홀로 선 나무의 형상이다.
괴롭고 외로우며 풍상이 많은 형상이다.

● 갑가기(근제발토)

기름진 땅에 나무가 뿌리를 내리고 있는 형상이다.
모든 일이 길한 형상이다.

● 갑가경(비궁작벌)

무쇠위에 나무가 뿌리를 내리고자 형상이다.
모든 것이 분열되고 헤어지는 기운이다.

● 갑가신(목곤쇄와)

몽둥이로 기와를 깨뜨리는 형상이다.
오고가는 것이 불리하고 나가는 것 또한 불리하다.

● 갑가임(쌍범표양)

바다위에 떠 있는 돛단배의 형상이다.
가는 자만 있고 오는 자가 없으니 외로운 형상이다.

● 갑가계(수근노수)

나무가 물을 얻은 형상이다.
서로서로 돕고 흉함이 없는 기운이다.

● 을가갑(금상첨화)

작은 나무를 큰 나무가 받혀주는 형상이다.
작은 나무가 큰 나무를 감고 올라가는 형상으로 경사에 경사의 기운이다.
실제로 포국에서 나타나지 않는다.

● 을가을(복음잡초) 복음격 참조

● 을가병(삼기순수)

삼기가 순서대로 있는 형상이다.
직장에서 발전과 승진의 기운이다.
주인에게 이롭고 객은 불리한 것으로 본다.

● 을가정(삼기상좌)

삼기가 함께 있는 형상으로 모든 일이 길한 기운이다.
주인에게는 이로운 기운이다.

● 을가무(선화명병)

한 송이 아름다운 꽃이 산위에 자태를 뽐내고 있는 형상이다.
풍류가 즐겁고 혼인사가 길한 기운이다.

● 을가기(일기득사)

삼기가 원군을 얻은 것과 같이 꽃나무가 기름진 땅을 얻은 형상이다.
어려움을 극복하고 승리를 쟁취할 기운이다.
임금이 어질고 능력 있는 충신을 만난 격이다.

● 을가경(일기피형)

삼기 중 을 삼기가 경 금의 칼에 잘려지는 형상이다.

재물로 인한 분쟁사가 있게 되고 부부간 불화의 기운이다.

주인에게 이롭고 손님에겐 해롭다.

● 을가신(청룡도주)

삼기 중 을 청룡이 신금에 의하여 부서지는 형상이다.

아랫사람이나 자식이 재산을 낭비하고 재물이 도망가는 기운이다.

주인 보다 손님은 더욱 해롭다.

● 을가임(하엽연화)

청룡이 물에서 나와 승천하는 형상이다.

남자는 천하를 주름잡고 여자는 왕후의 귀함을 얻는 기운이다.

잎이 핀 연꽃과 같은 형상이다.

● 을가계(녹야조료)

숲 속에 아침이슬이 내린 형상이다.

기운을 감추고 수도하고 숨어서 하는 일에는 길하다.

● 병가갑(비조질혈)

나는 새가 큰 나무를 얻어 쉬고 있는 형상이다.

도모사가 이루어지며 횡재할 기운도 있다.

일을 시작하면 성취하게 되고 재물과 경영에 길한 기운이다.

실제로 포국에서 나타나지 않는다.

● 병가을(염장여화)

태양이 꽃을 비추고 있으니 공사 내외에 이익이 있을 형상이다.

벌과 나비가 모여드니 즐거움이 있겠다.

● 병가병(복음홍광) 복음격 참조

● 병가정(삼기순수)
삼기가 나란히 있는 형상이다.
귀인의 도움이 있을 기운이다.

● 병가무(월기득사)
삼기가 협력자를 얻은 형상이다.
도모하는 일에 이익이 있을 기운이다.
불이 화로를 얻은 형상이니 임금이 충신을 만난 형국이다.

● 병가기(대지진조)
태양이 옥토를 비추니 만물이 성장하는 기운이다.

● 병가경(형혹입백)
형혹성이 들어오는 형상으로 파재하고 도적이 들 흉한 기운이다
병경 살이라 한다.

● 병가신(일월상회)
태양이 주옥을 비추니 주옥이 빛을 발하게 되는 형상이다.
범사에 성취가 있게 되겠으며 병자가 완쾌될 기운이다.

● 병가임(강휘상영)
태양이 강물을 비추는 형상이다.
밝고 아름다움은 있으나 재액이 있을 기운이다.

● 병가계(흑운차일)
구름이 태양을 가리는 형상이다.
어두움이 있으며 액화가 빈번해질 기운이다.

● 정가갑(천룡전광)

청룡이 밝은 빛을 발하는 형상이다.
지위가 높은 자는 더욱 높아지고 낮은 자도 올라갈 기운이다.
실제로 포국에 나타나지 않는다.

● 정가을(소전조작)

잡초를 태워 옥토로 만드는 형상이다.
귀인은 발전이고 재물을 축적할 기운이다.
범인은 평범하며 삼기乙이 삼기丁을 생하는 이치로 객이 이로운 기운이다.

● 정가병(항아분월)

태양위에 달이 노니는 형상이다.
승진하며 즐거움이 극에 도달하나
뒤에는 흉해질 기운이다.

● 정가정(양화성염)　복음격 참조

● 정가무(유화유로)

화로 속에 불이 들어가 있는 형상이다.
매사에 성공하는 기운이 있다.

● 정가기(성추구진)

삼기인 정이 구진 진흙에 빠져있는 형상이다.
상해를 당하며 여자를 주의해야 할 기운이다.

● 정가경(화련진금)

철이 불속에 들어가 보석을 만드는 형상이다.
기다리는 문서나 소식이 올 기운이다.

● 정가신(소전주옥)

보석이 불속에 들어가 못쓰게 되는 형상이다.
원한을 당하고 실직 사고를 당할 기운이다.

● 정가임(성기득사)

삼기 정인 달이 물을 비추는 형상이다.
귀인의 도움을 받게 되고 구설 말썽은 해결이 되는 기운이다.

● 정가계(주작투강)

삼기 주작 정이 구름 속에 들어가 있는 형상이다.
문서착오, 소식두절 실패 등이 있을 기운이다.

● 무가갑(거석엄목)

큰 돌로 나무를 치는 형상이다.
다툼이 있겠으며 굽어지고 상처를 당할 기운이다.
실제로 포국에 나타나지 않는다.

● 무가을(청룡합령)

큰 산이 청룡을 끌어안고 있는 형상이다.
만사가 길할 기운이다.

● 무가병(일출동산)

태양이 큰 산위로 떠오르는 형상이다.
어두움이 물러나듯 어려움은 물러가고 밝음이 오는 기운이다.

● 무가정(화소적벽)

작은 불이 큰 산을 뜨겁게 만드는 형상이다.
작은 것으로 큰 것을 이기고, 소수의 인원으로 많은 인원을 이길 기운이다.

● 무가무(복음준산) 복음격 참조

● 무가기(물이유취)
큰 산 작은 산이 모여 있는 형상이다.
노고를 싫어하고 공허로 끝나는 흉한 기운이다.

● 무가경(조침위학)
큰 산이 태백을 끌어안고 있는 형상이다.
모든 일이 흉해질 형상이다.

● 무가신(반음설기)
큰 돌을 갈아서 작은 침을 만드는 형상이다.
모든 일이 실패할 기운이다.

● 무가임(산명수수)
큰 산이 큰 강을 끼고 보고 있는 형상이며
큰물이 큰 산을 휘감고 돌아가는 형상이다.
용기백배하고 모든 것이 풀릴 기운이다.

● 무가계(암석침식)
큰 산이 작은 물로 인하여 침식당하고 있는 형상이다.
모든 일이 흉해질 기운이다.

● 기가갑(영불발아)
작은 흙으로 큰 나무를 덮어 놓은 형상이다.
주위의 모략으로 흉해질 기운이다.
실제로 포국에 나타나지 않는다.

● 기가을(유정밀의)

옥답에 새싹이 돋아나는 형상이다.
상호간에 뜻이 통하고 남녀간에 약속이 이루어지는 기운이다.

● 기가병(화지지호)

습한 흙에 태양 빛이 흡수되어 빛이 없는 형상이다.
상해를 당하고 소인은 음란하여 질 기운이다.

● 기가정(주작입묘)

묘 속에 주작이 들어가 있는 형상이다.
구설이 처음에는 좋지 못하나 뒤에는 바르게 될 기운이다.

● 기가무(견우청룡)

작은 산이 큰 산위에 있는 형상이다.
귀인을 만나 일이 성취되고 즐거움이 있는 기운이다.

● 기가기(복음연약)   복음격 참조

● 기가경(전도형리)

옥토 속에 무쇠가 들어가 있는 형상이다.
작은 산이 백호를 안고 있는 형상으로
다툼이 있겠으며 신체에 질병이 있을 기운이다.

● 기가신(습니오옥)

진흙 속에 주옥이 들어가 있는 형상이다.
모든 일을 도모하지 말 것이며 실수가 있을 기운이다.

● 기가임(반음탁수)

진흙을 물속에 푸는 형상이다.

상호간에 본분을 잃고 서로가 해를 당할 기운이다.

● 기가계(지형현무)

땅에 도적 현무를 감추고 있는 형상이다.

길한 기운은 끝이 나고 흉한 기운이 올 기운이다.

● 경가갑(복궁최잔)

도끼로 큰 나무 대들보를 내리치는 형상이다.

직장인은 직장을 잃고 재물 또한 잃게 되는 기운이다.

실제로 포국에 나타나지 않는다.

● 경가을(태백봉성)

태백성이 여린 나무를 가로막고 있는 형상이다.

나가면 흉이 있게 되고 정하면 흉이 없는 기운이다.

● 경가병(태백입형)

태백성이 형혹성 위에 있는 형상이다.

도적이 침입하고 손재가 있을 기운이다.

주인은 흉이 덜하게 된다.

● 경가정(형형지격)

무쇠가 불속에 들어가 있는 형상이다.

기물이 되어 나오게 되니 뒤에는 길한 기운이다.

● 경가무(유로무화)

무쇠가 화로에 들어가 있으나 불이 없는 형상이다.

백호가 벌거숭이산에서 날뛰고 있는 모습이다.
일이 성취되지 못하고 어렵고 험한 기운이다.

● 경가기(관부형격)
무쇠가 진흙 속에 들어가 있는 형상이다.
관재구설이 발생할 수 있으며
색정에 빠져 헤어나지 못하고
음란지사의 기운이다.

● 경가경(복음전격)   복음격 참조

● 경가신(철퇴쇄옥)
큰 도끼로 보석을 깨뜨리는 형상이다.
재물 손실, 사고가 닥쳐 올 기운이다.

● 경가임(모산소격)
무거운 쇠가 강물에 빠져있는 형상이다.
소모적인 일이 발생하며 승선하는 것은 피하는 것이 좋다.
여행에 흉한 기운이다.

● 경가계(반음대격)
무쇠가 물로 인하여 녹이 나는 형상이다.
사고, 손재, 액화가 있을 기운이다.

● 신가갑(월하송영)
작은 칼로 큰 나무 대들보를 자르려는 형상이다.
노력은 많이 하나 고생만 있을 뿐 결과가 없는 기운이다.
실제로 포국에 나타나지 않는다.

● 신가을(백호창광)

백호가 수풀에서 날뛰는 형상이다.
도모하는 일이 망하고 재산도 흩어지며 여행을 삼가야 할 기운이다.
주인이 더욱 해롭다.

● 신가병(간합자사)

병신 합수하여 물을 키우는 형상이다.
이익을 배가 시키는 기운은 있으나
관재구설 등은 있을 기운이 내포되어 있다.

● 신가정(옥신득기)

백호가 삼기 정을 얻은 형상이다.
재물은 늘어나나 관액 자는 고통이 많으며
해결되기가 어려운 기운이다.

● 신가무(반음피상)

백호가 벌거숭이 큰 산위에서 날뛰어 다니는 형상이다.
관재구설로 손재를 당하고 재액을 당할 기운이다.

● 신가기(입옥자형)

주옥, 보석이 스스로 진흙 속에 뛰어 들어가는 형상이다.
아랫사람이 배신하고 송사를 당할 기운이다.

● 신가경(백호출력)

두 마리 백호가 서로 싸우고 있는 형상이다.
주객이 서로 싸워서 서로 상처를 당할 기운이다.

● 신가신(복음상격)　복음격 참조

● 신가임(한당월영)

보석을 물에 빠뜨리는 형상이다.

보석을 잃어버리는 것이 되어 실속은 없고 헛되게만 되는 기운이다.

● 신가계(천혈화개)

주옥을 시냇물에 빠뜨리는 형상이다.

도모하는 일과 일체의 움직임은 흉한 기운이다.

● 임가갑(낭중고주)

큰물이 일엽편주를 흔드는 형상이다.

위험이 깔려있으니 속히 피해야 할 기운이다.

실제로 포국에 나타나지 않는다.

● 임가을(축수도화)

많은 비가 도화 꽃을 떨어지게 하는 형상이다.

남자는 경박하고 여자는 음란해질 기운이다.

● 임가병(일락서해)

바다에 넘어가는 태양이 비추는 형상이다.

아직 어두움이 들지 않았으니 피곤해지는 기운이다.

● 임가정(간합성기)

정임 합목하여 문서 소식이 길하며 밖에서 귀인이 돕는 기운이다.

● 임가무(소사화룡)

많은 비가 넓고 넓은 마른 대지를 적시는 형상이다.

남자는 발달하고 여자는 귀해지는 기운이다.

● 임가기(반음니장)

많은 물이 진흙에 부어지는 형상이다.

재액이 오고 모든 것이 흩어질 기운이다.

● 임가경(등사상전)

물이 칼날위에 있는 형상이다.

불안과 초조 위험한 기운이다.

● 임가신(도세주옥)

물을 부어 칼날을 닦는 형상이다.

다툼과 송사는 바르게 되고 흑백이 가려질 기운이다.

● 임가임(복음지망) 복음격 참조

● 임가계(유녀간음)

큰물이 제 길을 가지 않고 시냇물이 흐르는

작은 곳으로 가려고 하는 형상이다.

젊은 여자나 남자는 간음이 있을 기운이다.

● 계가갑(양류감로)

이슬이 큰 나무에 내리는 형상이다.

가난한 시기에 도움이 있게 되고 험한 경우에 도움을 받는 기운이다.

실제로 포국에 나타나지 않는다.

● 계가을(이화춘우)

봄비가 도화 꽃을 떨어지게 하는 형상이다.

이별과 헤어짐이 있을 기운이다.

● **계가병(화개자사)**

물로 급한 불을 끄는 형상이다.

귀인은 발전이 있게 되고 평민은 편안한 기운이다.

● **계가정(등사간교)**

물 밑에서 불이 끄지는 형상이다.

문서로 다툼이 있게 되고 화재가 있을 기운이다.

● **계가무(천을회합)**

무계 합하여 귀하게 되고 큰 땅위에 작은 시냇물이 흐르는 형상이다.

혼사에 길하고 귀인의 도움이 있을 기운이다.

● **계가기(화개지호)**

작은 물이 작은 웅덩이에 고여 있는 형상이다.

모든 상황이 불안한 기운이다.

● **계가경(반음침백)**

이슬방울이 칼날위에 맺혀있는 형상이다.

매사가 불안해지고 성공하지 못하는 기운이다.

● **계가신(양변음성)**

이슬방울이 칼날위에 매달려 있는 형상이다.

병자는 생명이 위태로우며 관재구설 자는 더욱 어려워질 기운이다.

● **계가임(충천분지)**

작은 물이 큰물에 합해져 넘치는 형상이다.

매사에 순서를 잃고 급하게 하면 일을 그르칠 기운이다.

● **계가계(복음천라)** 복음격 참조

지반 육의삼기 을과 경

지반 육의삼기인 을과 경으로 부부관계를 일부 볼 수가 있다.

지반 육의삼기 庚은 남자 乙을 여자로 보게 된다.

구궁을 외궁과 내궁으로 구별한다.

외궁은 손궁 이궁 곤궁 태궁이며

내궁은 건궁 감궁 간궁 진궁이다.

지반 육의삼기 중 을과 경이 외궁과 내궁에 갈려져 있으면

부부관계가 좋지 못하다고 보게 된다.

특히 을과 경이 대충 방 궁인 서로 마주보고 있는 궁에 있으면

더더욱 부부관계가 좋지 못하다고 판단하게 된다.

육의 격형; 흉 격 중의 하나이다.

일체의 움직임이 불리하고 모든 것이

파괴되고 단절되는 현상이 나타나게 된다.

천반 육의삼기가 형살방에 앉는 경우를 말한다.

지반 육의삼기가 형살방에 앉는 경우도 참고하게 된다.

갑자 무가 진궁에 포국되어 있는 것

갑인 계가 손궁과 곤궁에 포국 되어 있는 것

갑진 임이 손궁에 포국되어 있는 것

갑오 신이 이궁에 포국되어 있는 것

갑신 경이 간궁과 손궁에 포국되어 있는 것

갑술 기가 간궁과 곤궁에 포국되어 있는 것

삼기 입묘

삼기입묘란 삼기인 정 병 을이 12운성으로

묘의 자리에 포국되어 있는 것을 말한다.

삼기의 12운성은 양순 음역으로 본 필자는 한다.

삼기인 정이 간궁에 포국되어 있는 것

삼기인 병이 건궁에 포국되어 있는 것

삼기인 을이 건궁에 포국되어 있는 것을 삼기입묘라 한다.

삼기는 기문 국 전체를 보는 눈과 같으므로

삼기가 묘궁에 포국되어 있으면

보는 눈이 보이지 않는 것과 같다.

앞으로 나아가고자 하나 길이 보이지 않고

시력에 이상이 있다고 보게 된다.

삼기입묘에는 일체의 출행과 거동을 삼가해야 한다.

8. 소운(연운)

추명명리에서 해당 해의 연운을 보는 것과 보는 방법이 다르다.

포국된 지반 육의삼기를 보아서 연운을 찾게 된다.

해당 해의 순수를 찾아서

순수가 있는 지반 육의삼기에서 시작하여

지반육의삼기가 가는 순서대로

해당 해까지 가서 멈추면 된다.

예를 든 사주에 **소운**을 계산하도록 하겠다.

예1) 丁 戊 丙 丙　　남 임오년 57세
　　 巳 寅 申 戌　　6/2변국, 음둔 처서하원 7국

72 62 52 42 32 22 12 2
甲 癸 壬 辛 庚 己 戊 丁
辰 卯 寅 丑 子 亥 戌 酉

시　　　　　병자	연간, 월간　경진	월　　　　　무인
2 편인 丁 6 편재 辛 -26-71	7 정인 乙 1 정재 丙 -8-90	4 식신 壬 4 식신 癸 -15-78
정축	을해	일간　**임오년 57세**
3 정관 己 5 겁재 壬 -20-74	6 편재 2 편인 庚 -28-69	9 상관 辛 9 상관 戊 -45-62
세　　　　신사	시간　　　기묘	연　　　　　갑술
8 편관 戊 10 - 乙 -7-53	5 겁재 癸 3 정관 丁 -11-83	10 비견 丙 8 편관 己 -36-63

임오년 57세를 계산하여 보도록 한다.

임오년은 순수가 갑술 己가 순수가 된다.

지반 육의삼기가 己가 있는 궁은 건궁에 있다.

건궁에서 갑술년을 시작하고 역행이므로 중궁에 을해년, 손궁에 병자년,

진궁에 정축년, 곤궁에 무인년, 감궁에 기묘년, 이궁에 경진년, 간궁에 신사년,

태궁에 임오년이 멈추게 된다.

그래서 임오년 57세는 태궁이 된다.

예2) 丁 辛 庚 辛   남 정해년 67세
    酉 丑 子 巳   9/1변국, 음둔 윤 대설중원 7국

64 54 44 34 24 14 4
癸 甲 乙 丙 丁 戊 己
巳 午 未 申 酉 戌 亥

연, 연간, 일간 <u>을유</u> 5 편인 戊 5 편인 辛 -29-65	10 정인 己 10 정인 丙 -15-90	<u>정해년 67세</u> 7 편관 丁 3 편재 癸 -20-78
<u>병술</u> 6 상관 癸 4 겁재 壬 -24-71	월간 <u>갑신</u> 9 비견 1 식신 庚 -30-60	시 2 정관 乙 8 정재 戊 -45-48
세 1 식신 丙 9 - 乙 -9-46	월, 시간 8 정재 辛 2 정관 丁 -17-86	3 편재 壬 7 편관 己 -37-51

정해년 67세를 계산하여 보도록 한다.
정해년은 순수가 갑신 경이 순수가 된다.
지반 육의삼기 경이 있는 궁은 중궁이다.
중궁에서 갑신년을 시작하고 역행이므로
손궁에 을유년, 진궁에 병술년,
곤궁에 정해년이 멈추게 된다.
그래서 정해년 67세는 곤궁이 된다.

예3) 丁 甲 甲 甲　　남 기묘년 46세
　　 卯 子 戌 午　　7/5변국, 음둔 입동상원 6국

61 51 41 31 21 11 1
辛 庚 己 戊 丁 丙 乙
巳 辰 卯 寅 丑 子 亥

을해	연, 시간　**기묘년46세**	정축
3 식신 乙 4 정인 庚 -10-81	8 상관 戊 9 편인 丁 -45-59	5 편관 癸 2 정재 壬 -3-90
시, 연간　병자 4 정인 壬 3 식신 辛 -6-85	월간　갑술 7 편재 5 편관 己 -15-78	10 정관 丙 7 편재 乙 -28-70
9 편인 丁 8 상관 丙 -36-68	세　무인 6 겁재 庚 1 - 癸 -1-51	월, 일간 1 비견 辛 6 겁재 戊 -21-71

기묘년 46세를 계산하여 보도록 한다.
기묘년은 순수는 갑술 기 순수가 된다.
지반 육의삼기 기가 있는 궁은 중궁이다.
중궁에서 갑술년을 시작하고 역행이므로
손궁에 을해년, 진궁에 병자년, 곤궁에 정축년,
감궁에 무인년, 이궁에 기묘년이 멈추게 된다.
그래서 기묘년 46세는 이궁이 된다.

57 47 37 27 17 7
庚 辛 壬 癸 甲 乙
子 丑 寅 卯 辰 巳

<u>무인</u> 1 정재 戊 7 정인 癸 -33-68	월 6 편재 丙 2 편인 戊 -11-83	월간 3 정관 庚 5 겁재 丙 -20-73
일간　**기묘년38세** 2 편인 癸 6 편재 丁 -26-70	연간　　　<u>정축</u> 5 겁재 3 정관 壬 -36-67	**세**, 시간　　<u>을해</u> 8 편관 辛 10　－ 庚 -8-53
연　　　<u>갑술</u> 7 정인 丁 1 정재 己 -9-90	시 4 식신 己 4 식신 乙 -15-77	<u>병자</u> 9 상관　乙 9 상관 辛 -45-62

기묘년 38세를 계산하여 보도록 한다.

기묘년은 순수는 갑술 기 순수가 된다.

지반 육의삼기 기가 있는 궁은 간궁이다.

간궁에서 갑술년을 시작하고 역행이므로

태궁에 을해년, 건궁에 병자년, 중궁에 정축년,

손궁에 무인년, 진궁에 기묘년이 멈추게 된다.

그래서 기묘년 38세는 진궁이 된다.

예5) 戊 庚 辛 丁　　남 기미년 63세
　　寅 申 亥 巳　　6/3변국, 음둔 입동하원 3국

```
62 52 42 32 22 12 2
甲 乙 丙 丁 戊 己 庚
辰 巳 午 未 申 酉 戌
```

연　　　　정사	월간	세　기미년63세
2 정인 癸 7 편인 乙 -18-87	7 편인 丁 2 정인 辛 -41-61	4 상관 庚 5 － 己 -5-49
시간　　　무오	병진	갑인
3 편관 己 6 정재 戊 -11-90	6 정재 3 편관 丙 -21-85	9 식신 壬 10 겁재 癸 -38-78
시	일간	월, 연간　　을묘
8 정관 辛 1 편재 壬 -39-69	5 비견 乙 4 상관 庚 -45-54	10 겁재 戊 9 식신 丁 -30-79

기미년 63세를 계산하여 보도록 한다.

기미년은 순수는 갑인 계 순수가 된다.

지반 육의삼기 계가 있는 궁은 태궁이다.

태궁에서 갑인년을 시작하고 역행이므로

건궁에 을묘년, 중궁에 병진년,

손궁에 정사년, 진궁에 무오년,

곤궁에 기미년이 멈추게 된다.

그래서 기미년 63세는 곤궁이 된다.

9. 행년

해당해의 연운을 보는 방법은 앞에서 제시하였던
소운으로 보는 방법과
행년으로 계산하여 보는 방법 두 가지 방법이 있다.
해당 해를 상세하게 보려면 연국을 포국하여야 하나
두 가지 방법 중에
평생국에서 바로 볼 수 있다는 장점이 있다.
행년을 알게 되면 택일에 생기 복덕 표를 보지 않아도
택일을 할 수가 있다.

1) 남자는 이궁에서 처음 곤궁은 뛰어넘고
　　다음은 2세 태궁으로 구궁외각 시계 방향으로
　　각 궁마다 1세씩 세어 나간다.
　　다음에는 곤궁을 뛰어넘지 않고
　　해당 연령까지 가면 된다.

2) 여자는 감궁에서 처음 건궁은 뛰어넘고
　　다음은 2세 태궁으로 구궁외각 시계반대 방향으로
　　각 궁마다 1세씩 세어 나간다.
　　다음에는 건궁을 뛰어넘지 않고
　　해당 연령까지 가면 된다.

예를 든 사주들에 **행년**을 표시하겠다.

72 62 52 42 32 22 12 2
甲 癸 壬 辛 庚 己 戊 丁
辰 卯 寅 丑 子 亥 戌 酉

시	연간, 월간	월　　　<u>57세</u>
2 편인 丁 6 편재 辛 -26-71	7 정인 乙 1 정재 丙 -8-90	4 식신 壬 4 식신 癸 -15-78
3 정관 己 5 겁재 壬 -20-74	6 편재 2 편인 庚 -28-69	일간 9 상관 辛 9 상관 戊 -45-62
세 8 편관 戊 10 - 乙 -7-53	시간 5 겁재 癸 3 정관 丁 -11-83	연 10 비견 丙 8 편관 己 -36-63

이궁1세 태궁2 건궁3 감궁4 간궁5 진궁6 손궁7 이궁8 곤궁9 태궁10

건궁11 감궁12 간궁13 진궁14 손궁15 이궁16 곤궁17 태궁18 건궁19 감궁20

간궁21 진궁22 손궁23 이궁24 곤궁25 태궁26 건궁27 감궁28 간궁29 진궁30

손궁31 이궁32 곤궁33 태궁34 건궁35 감궁36 간궁37 진궁38 손궁39 이궁40

곤궁41 태궁42 건궁43 감궁44 간궁45 진궁46 손궁47 이궁47 곤궁49 태궁50

건궁51 감궁52 간궁53 진궁54 손궁55 이궁56

<u>곤궁에 57세가 된다.</u>

예2) 丁 辛 庚 辛　　남 <u>67세</u>
　　　酉 丑 子 巳　　9/1변국, 음둔 윤 대설중원 7국

64 54 44 34 24 14 4
癸 甲 乙 丙 丁 戊 己
巳 午 未 申 酉 戌 亥

<table>
<tr><td>연, 연간, 일간
 5 편인 戊
 5 편인 辛
-29-65</td><td> 10 정인 己
 10 정인 丙
-15-90</td><td> 7 편관 丁
 3 편재 癸
-20-78</td></tr>
<tr><td> 6 상관 癸
 4 겁재 壬
-24-71</td><td>월간
 9 비견
 1 식신 庚
-30-60</td><td>시
 2 정관 乙
 8 정재 戊
-45-48</td></tr>
<tr><td>세
 1 식신 丙
 9 - 乙
-9-46</td><td>월, 시간
 8 정재 辛
 2 정관 丁
-17-86</td><td><u>67세</u>
 3 편재 壬
 7 편관 己
-37-51</td></tr>
</table>

이궁1세 태궁2 건궁3 감궁4 간궁5 진궁6 손궁7 이궁8 곤궁9 태궁10
건궁11 감궁12 간궁13 진궁14 손궁15 이궁16 곤궁17 태궁18 건궁19 감궁20
간궁21 진궁22 손궁23 이궁24 곤궁25 태궁26 건궁27 감궁28 간궁29 진궁30
손궁31 이궁32 곤궁33 태궁34 건궁35 감궁36 간궁37 진궁38 손궁39 이궁40
곤궁41 태궁42 건궁43 감궁44 간궁45 진궁46 손궁47 이궁48 곤궁49 태궁50
건궁51 감궁52 간궁53 진궁54 손궁55 이궁56 곤궁57 태궁58 건궁59 감궁60
간궁61 진궁62 손궁63 이궁64 곤궁65 태궁66
<u>건궁에 67세가 된다.</u>

예3) 丁 甲 甲 甲　　남 46세
　　　卯 子 戌 午　　7/5변국, 음둔 입동상원 6국

61 51 41 31 21 11 1
辛 庚 己 戊 丁 丙 乙
巳 辰 卯 寅 丑 子 亥

	연, 시간	
3 식신　乙 4 정인　庚 −10−81	8 상관　戊 9 편인　丁 −45−59	5 편관　癸 2 정재　壬 −3−90
시, 연간　46세 4 정인　壬 3 식신　辛 −6−85	월간 7 편재 5 편관　己 −15−78	10 정관　丙 7 편재　乙 −28−70
9 편인　丁 8 상관　丙 −36−68	세 6 겁재　庚 1　−　癸 −1−51	월, 일간 1 비견　辛 6 겁재　戊 −21−71

이궁1세 태궁2 건궁3 감궁4 간궁5 진궁6 손궁7 이궁8

곤궁9 태궁10 건궁11 감궁12 간궁13 진궁14 손궁15 이궁16

곤궁17 태궁18 건궁19 감궁20 간궁21 진궁22 손궁23 이궁24

곤궁25 태궁26 건궁27 감궁28 간궁29 진궁30 손궁31 이궁32

곤궁33 태궁34 건궁35 감궁36 간궁37 진궁38 손궁39 이궁40

곤궁41 태궁42 건궁43 감궁44 간궁45

진궁에 46세가 된다.

57 47 37 27 17 7

庚 辛 壬 癸 甲 乙

子 丑 寅 卯 辰 巳

	월	월간
1 정재 戊 7 정인 癸 -33-68	6 편재 丙 2 편인 戊 -11-83	3 정관 庚 5 겁재 丙 -20-73
일간　　<u>38세</u> 2 편인 癸 6 편재 丁 -26-70	연간 5 겁재 3 정관 壬 -36-67	세, 시간 8 편관 辛 10 － 庚 -8-53
연 7 정인 丁 1 정재 己 -9-90	시 4 식신 己 4 식신 乙 -15-77	9 상관 乙 9 상관 辛 -45-62

기문둔갑

106

감궁1세 태궁2 곤궁3 이궁4 손궁5 진궁6 간궁7 감궁8

건궁9 태궁10곤궁11 이궁12 손궁13 진궁14 간궁15 감궁16

건궁17 태궁18 곤궁19 이궁20 손궁21 진궁22 간궁23 감궁24

건궁25 태궁26 곤궁27 이궁28 손궁29 진궁30 간궁31 감궁32

건궁33 태궁34 곤궁35 이궁36 손궁37

<u>진궁38세가 된다.</u>

예5) 戊 庚 辛 丁   남 <u>63세</u>
      寅 申 亥 巳   6/3변국, 음둔 입동하원 3국

      62 52 42 32 22 12 2
      甲 乙 丙 丁 戊 己 庚
      辰 巳 午 未 申 酉 戌

연 <u>63세</u>	월간	세
2 정인 癸 7 편인 乙 -18-87	7 편인 丁 2 정인 辛 -41-61	4 상관 庚 5 - 己 -5-49
시간 3 편관 己 6 정재 戊 -11-90	6 정재 3 편관 丙 -21-85	9 식신 壬 10 겁재 癸 -38-78
시 8 정관 辛 1 편재 壬 -39-69	일간 5 비견 乙 4 상관 庚 -45-54	월, 연간 10 겁재 戊 9 식신 丁 -30-79

이궁1세 태궁2 건궁3 감궁4 간궁5 진궁6 손궁7 이궁8

곤궁9 태궁10 건궁11 감궁12 간궁13 진궁14 손궁15 이궁16

곤궁17 태궁18 건궁19 감궁20 간궁21 진궁22 손궁23 이궁24

곤궁25 태궁26 건궁27 감궁28 간궁29 진궁30 손궁31 이궁32

곤궁33 태궁34 건궁35 감궁36 간궁37 진궁38 손궁39 이궁40

곤궁41 태궁42 건궁43 감궁44 간궁45 진궁46 손궁47 이궁48

곤궁49 태궁50 건궁51 감궁52 간궁53 진궁54 손궁55 이궁56

곤궁57 태궁58 건궁59 감궁60 간궁61 진궁62

<u>손궁에 63세가 된다.</u>

10. 팔괘

8괘는 홍국수와 8문과 합께 연국에 속한다.

8괘는 상지라 하여 땅의 기운이며

8문은 상인이라 하여 사람의 기운이고

9성은 상천이라 하여 하늘의 기운이다.

홍국 중에 한가지인 8괘는 중궁의 지반수를 기준으로 각 궁에 포국된다.

일명 생기 복덕이라 하여 택일할 시에 쓰고 있는 생기 복덕이다.

철학관에서 일반적으로 택일을 할 적에 생기 복덕 표를 기준하여 보아주게 된다.

이 생기 복덕 표는 기문둔갑 구궁에 기준하여 나이에 따라 도표를 작성한 것이다.

따라서 구체적으로 보려면 해당 월국을 포국하여 보는 것이 상세하다.

8괘는 상지라 하여 은복지지와 궁 오행의 영향을 많이 받는다.

주역이나 육효를 알고 있는 사람은 8괘를 알고 있으나

모르는 사람을 위하여 8괘를 표기한다.

8괘는 다음과 같다.

건천괘	태택괘	이화괘	진뢰괘	손풍괘	감수괘	간산괘	곤지괘
☰	☱	☲	☳	☴	☵	☶	☷

구궁에 있는 고유 괘상은 앞에서 설명하였지만 다시 공부하도록 하겠다.

4록목성 손하절	9자화성 이허중	2흑토성 곤삼절
3벽목성 진하련	5황토성	7적금성 태상절
8백토성 간상련	1백수성 감중련	6백금성 건삼련

중궁지반수를 기준으로 괘 상을 만들어 일정한 법칙으로 구궁에 포국된다.

8괘의 종류
생기 천의 절체 유혼 화해 복덕 절명 귀혼 8개이다.

8괘의 일정한 법칙
1상생기 2중천의 3하절체 4중유혼 5상화해 6중복덕 7하절명 8중귀혼으로
중궁지반수가 일정한 순서로 변화하여 간다.
숫자 1부터 8까지는 순서이다.
상은 소성괘의 상효가 변하는 것을 말한다.

중은 소성괘의 중효가 변하는 것을 말한다.

하는 소성괘의 하효가 변하는 것을 말한다.

8괘를 장중 속지법으로 숙달시키면 빠르게 된다.

좌측 손가락 2번째 3번째 4번째를 사용하면

아주 빨리 터득할 수가 있으며 편리하다.

2 3 4번째 손가락 중 펴진 상태가 양효로 하며

2 3 4번째 손가락 중 구부러진 상태를 음효로 하면 된다.

각 중궁지반수를 포국하면 다음과 같다.

중궁지반수 1일 때

생기	절체	절명
복덕	1	화해
천의	귀혼	유혼

중궁지반수 2일 때

천의	유혼	귀혼
화해	2	복덕
생기	절명	절체

중궁지반수 3일 때

절체	생기	화해
귀혼	3	절명
유혼	복덕	천의

중궁지반수 4, 5일 때

귀혼	복덕	천의
절체	4,5	유혼
절명	생기	화해

중궁지반수 6일 때

화해	절명	절체
천의	6	생기
복덕	유혼	귀혼

중궁지반수 7일 때

유혼	천의	복덕
절명	7	귀혼
절체	화해	생기

중궁지반수 8일 때

절명	화해	생기
유혼	8	절체
귀혼	천의	복덕

중궁지반수 9일 때

복덕	귀혼	유혼
생기	9	천의
화해	절체	절명

중궁지반수 1은 감수괘로 시작하여 변화하여 간다.

중궁지반수 2는 곤지괘로 시작하여 변화하여 간다.

중궁지반수 3은 진뢰괘로 시작하여 변화하여 간다.

중궁지반수 4는 손풍괘로 시작하여 변화하여 간다.

중궁지반수 5는 중궁지반수 4인 손풍괘와 동일하게 시작하여 변화하여 간다.

중궁지반수 6은 건천괘로 시작하여 변화하여 간다.

중궁지반수 7은 태택괘로 시작하여 변화하여 간다.

중궁지반수 8은 간산괘로 시작하여 변화하여 간다.

중궁지반수 9는 이화괘로 시작하여 변화하여 간다.

각 8괘의 구궁의 원래 위치를 표시하면 다음과 같다.

4록목성 손하절 절체	9자화성 이허중 유혼	2흑토성 곤삼절 화해
3벽목성 진하련 천의	5화토성	7적금성 태상절 복덕
8백토성 간상련 생기	1백수성 감중련 귀혼	6백금성 건삼련 절명

상기 각 8괘 구궁의 원래 위치를 잘 기억하기 바란다.

각 8괘의 속성

· 생기 ; 처음으로 기운이 생하는 시기이며 땅속에서 움트는 시기이다.

· 천의 ; 하늘의 기운과 땅의 도움으로 자라는 시기이며

· 절체 ; 자라다가 상처를 받게 되고

· 유혼 ; 떠도는 영혼처럼 활동 유람하는 시기이며

· 화해 ; 활동 유람하다 상해를 당하는 것이며

· 복덕 ; 상해를 입고 난 연후에는 견고하여져 복덕이 있는 것이다.

· 절명 ; 복과 덕을 누린 후에는 사망하는 것이며

· 귀혼 ; 사망 후에 혼백이 흩어져 안정을 찾는 것이다.

구궁에 포국할 시 약자로 포국하는데,

생기는 **생**, 천의는 **천**, 절체는 **절**,

유혼은 **유**, 화해는 **화**, 복덕은 **복**,

절명은 **명**, 귀혼은 **귀**로 구궁에 표기하도록 하겠다.

예를 든 사주에 **8괘**를 포국하겠다.

72 62 52 42 32 22 12 2
甲 癸 壬 辛 庚 己 戊 丁
辰 卯 寅 丑 子 亥 戌 酉

시
  2 편인 丁
  6 편재 辛 **천**
-26-71
	연간, 월간
	  7 정인 乙
	  1 정재 丙 **유**
	-8-90
		월
		  4 식신 壬
		  4 식신 癸 **귀**
		-15-78

  3 정관 己
  5 겁재 壬 **화**
-20-74
	
	  6 편재
	  2 편인 庚
	-28-69
		일간
		  9 상관 辛
		  9 상관 戊 **복**
		-45-62

세
  8 편관 戊
  10 - 乙 **생**
-7-53
	시간
	  5 겁재 癸
	  3 정관 丁 **명**
	-11-83
		연
		  10 비견 丙
		  8 편관 己 **절**
		-36-63

중궁지반수가 2이므로 곤삼절 괘에서 시작하게 된다.

곤삼절 괘에서 상효인 음효가 양효로 변하여 간산괘가 되어

간궁에 생기가 포국 된다.

천의는 손궁, 절체는 건궁, 유혼은 이궁,

화해는 진궁, 복덕은 태궁, 절명은 감궁,

귀혼은 곤궁에 각각 포국된다.

예2) 丁 辛 庚 辛　　남
　　 酉 丑 子 巳　　9/1변국, 음둔 윤 대설중원 7국

64 54 44 34 24 14 4
癸 甲 乙 丙 丁 戊 己
巳 午 未 申 酉 戌 亥

연, 연간, 일간 　5 편인 戊 　5 편인 辛 **생** 　-29-65	10 정인 己 10 정인 丙 **절** 　-15-90	7 편관 丁 3 편재 癸 **명** 　-20-78
6 상관 癸 　4 겁재 壬 **복** 　-24-71	월간 　9 비견 　1 식신 庚 　-30-60	시 　2 정관 乙 　8 정재 戊 **화** 　-45-48
세 　1 식신 丙 　9 - 乙 **천** 　-9-46	월, 시간 　8 정재 辛 　2 정관 丁 **귀** 　-17-86	3 편재 壬 　7 편관 己 **유** 　-37-51

중궁지반수가 1이므로 감중련 괘에서 시작하게 된다.
감중련 괘에서 상효인 음효가 양효로 변하여 손풍괘가 되어
손궁에 생기가 포국 된다.
천의는 간궁, 절체는 이궁, 유혼은 건궁,
화해는 태궁, 복덕은 진궁, 절명은 곤궁,
귀혼은 감궁에 각각 포국된다.

 丁 甲 甲 甲　　남
　　卯 子 戌 午　　7/5변국, 음둔 입동상원 6국

61 51 41 31 21 11 1
辛 庚 己 戊 丁 丙 乙
巳 辰 卯 寅 丑 子 亥

	연, 시간	
3 식신 乙 4 정인 庚 **귀** -10-81	8 상관 戊 9 편인 丁 **복** -45-59	5 편관 癸 2 정재 壬 **천** -3-90
시, 연간 4 정인 壬 3 식신 辛 **절** -6-85	월간 7 편재 5 편관 己 -15-78	10 정관 丙 7 편재 乙 **유** -28-70
9 편인 丁 8 상관 丙 **명** -36-68	세 6 겁재 庚 1 － 癸 **생** -1-51	월, 일간 1 비견 辛 6 겁재 戊 **화** -21-71

중궁지반수가 5이므로 손하절 괘에서 시작하게 된다.

손하절 괘에서 상효인 양효가 음효로 변하여 감중련 괘가 되어

감궁에 생기가 포국 된다.

천의는 곤궁, 절체는 진궁, 유혼은 태궁,

화해는 건궁, 복덕은 이궁, 절명은 간궁,

귀혼은 손궁에 각각 포국된다.

예4)　庚 丁 丙 壬　　여
　　　子 酉 午 寅　　5/3변국 음둔 하지상원 9국

57 47 37 27 17 7

庚　辛　壬　癸　甲　乙

子　丑　寅　卯　辰　巳

<table>
<tr><td>

1 정재 戊
7 정인 癸 **절**
-33-68

</td><td>

월
6 편재 丙
2 편인 戊 **생**
-11-83

</td><td>

월간
3 정관 庚
5 겁재 丙 **화**
-20-73

</td></tr>
<tr><td>

일간
2 편인 癸
6 편재 丁 **귀**
-26-70

</td><td>

연간
5 겁재
3 정관 壬
-36-67

</td><td>

세, 시간
8 편관 辛
10 - 庚 **명**
-8-53

</td></tr>
<tr><td>

연
7 정인 丁
1 정재 己 **유**
-9-90

</td><td>

시
4 식신 己
4 식신 乙 **복**
-15-77

</td><td>

9 상관 乙
9 상관 辛 **천**
-45-62

</td></tr>
</table>

중궁지반수가 3이므로 진하련 괘에서 시작하게 된다.

진하련 괘에서 상효인 음효가 양효로 변하여 이허중 괘가 되어

이궁에 생기가 포국 된다.

천의는 건궁, 절체는 손궁, 유혼은 간궁,

화해는 곤궁, 복덕은 감궁, 절명은 태궁,

귀혼은 진궁에 각각 포국된다.

예5) 戊 庚 辛 丁　　남
　　　寅 申 亥 巳　　6/3변국 음둔 입동하원 3국

62 52 42 32 22 12 2
甲 乙 丙 丁 戊 己 庚
辰 巳 午 未 申 酉 戌

연	월간	세
2 정인 癸 7 편인 乙 **절** -18-87	7 편인 丁 2 정인 辛 **생** -41-61	4 상관 庚 5 - 己 **화** -5-49
시간 　3 편관 己 　6 정재 戊 **귀** -11-90	6 정재 3 편관 丙 -21-85	9 식신 壬 10 겁재 癸 **명** -38-78
시 　8 정관 辛 　1 편재 壬 **유** -39-69	일간 5 비견 乙 4 상관 庚 **복** -45-54	월, 연간 10 겁재 戊 9 식신 丁 **천** -30-79

중궁지반수가 3이므로 진하련 괘에서 시작하게 된다.

진하련 괘에서 상효인 음효가 양효로 변하여 이허중 괘가 되어

이궁에 생기가 포국 된다.

천의는 건궁, 절체는 손궁, 유혼은 간궁,

화해는 곤궁, 복덕은 감궁, 절명은 태궁,

귀혼은 진궁에 각각 포국된다.

11. 팔문

8문은 홍국수 8괘와 함께 연국에 속한다.

8문은 궁 오행의 영향을 많이 받는다.

일가 8문 또는 화기 8문은 일주를 기준하여 포국되고

시가 8문은 시주를 기준하여 포국된다.

여기에서는 일가 8문만 설명하도록 하겠다.

일가 8문은 일주를 기준으로 삼으면 화기 8문이라 하게 된 것은

화담 서경덕 선생님께서 최초로 창안하셨다 하여 붙여진 명칭이다.

8괘는 상지라 하여 땅의 기운이며

8문은 상인이라 하여 사람의 기운이며

9성은 상천이라 하여 하늘의 기운이다.

8문은 8개의 방향문을 말한다.

철학관에서 일반적으로 방위를 이야기할 적에 방위표를 기준하여 보아주게 된다.

이 방위표는 기문둔갑 구궁에 기준하여 나이에 따라 도표를 작성한 것이다.

따라서 구체적으로 보려면 해당연령 기문국으로 방위를 보는 것이

상세하다고 생각한다.

8문

생문, 상문, 두문, 경(景)문, 사문, 경(驚)문, 개문, 휴문의 8문이다.

차례 대로 외운다.

구궁에 포국할 적에는 약자로 표기하겠다.

생문은 **생**, 상문은 **상**, 두문은 **두**, 경(景)문은 **경**,

사문은 **사**, 경(驚)문은 밑줄 **경** , 개문은 개, 휴문은 휴로

약자로 표기하겠다.

각 8문 구궁의 원래 위치를 표시하면 다음과 같다.

4록목성 손하절 두문	9자화성 이허중 경(景)문	2흑토성 곤삼절 사문
3벽목성 진하련 상문	5화토성	7적금성 태상절 경(驚)문
8백토성 간상련 생문	1백수성 감중련 휴문	6백금성 건삼련 개문

상기 각 8문 구궁의 원래 위치를 잘 기억하기를 바란다.

각 8문의 속성

• 생문 ; 구궁의 본래 위치는 8백토성 간상련의 간궁이다.

    궁 오행은 토이며 궁 은복지지는 축과 인이 있다.

    축은 겨울의 끝이고 인은 봄의 시작이니 종말과 시작으로 본다.

    종말과 시작은 변화의 시기로 보게 된다.

    간궁은 막내아들 궁으로 조급하게 하려는 속성이 있으므로

    속성속패의 기운을 간직하고 있다.

    나이가 든 사람은 좋게 보게 되나 젊은 사람은 생문을 만나면

    조급하여 해로운 것으로 보게 된다.

    호변지기이니 변화의 과정으로 나아가는 변화의 문이다.

• 상문 ; 구궁의 본래 위치는 3벽목성 진하련의 진궁이다.

    궁 오행은 목이며 궁 은복지지는 묘이다.

    묘는 새싹이 머리를 내밀어 솟아 나오려는 형상이니 상처를 받게 된다.

    진궁은 장남 궁으로 장남이 밖에서 활동하다 쟁투 승부를 하다가

자신 또한 화액을 당하게 된다.

호연지기를 띠고 있으니 쟁투 투기 승부 상처의 문이다.

• **두문;** 구궁의 본래 위치는 4록목성 손하절의 손궁이다.

　　　　　궁 오행은 목이며 궁 은복지지는 진과 사이다.

　　　　　늦은 봄에서 초봄으로 넘어가는 시기로 수축과 확장의 양면성이 있다.

　　　　　손궁은 장녀 궁으로 장녀는 집안에서 살림을 하면서

　　　　　결혼준비를 하는 것이니 준비하는 시기로 본다.

　　　　　준비하는 시기로 안으로는 바쁘고 밖으로는 조용하여

　　　　　준비, 시기선택의 문이며, 고심 고민의 문이다.

• **경(景)문 ;** 구궁의 원래 위치는 9자화성 이허중의 이궁이다.

　　　　　궁 오행은 화이며 궁 은복지지는 오가 있다.

　　　　　화의 속성은 밖으로는 화려한 불과 같으나

　　　　　안으로는 자신을 태워 소모하고 있어서 실속이 없는 것이다.

　　　　　일상생활에 비유한다면 잔치를 하는 것과 같아서

　　　　　밖으로는 즐거우나 안으로는 소비가 많으니 근심이 있게 된다.

　　　　　이궁은 중녀 궁으로 놀고 즐기며 인기가 많게 된다.

　　　　　문서제출, 시험합격 등은 길한 문이며 근심, 인기, 소비의 문이다.

• **사문 ;** 구궁의 원래 위치는 2흑토성 곤삼절의 곤궁이다.

　　　　　궁 오행은 토이며 궁 은복지지는 미와 신이다.

　　　　　여름에 만물이 왕성하게 자라서 가을로 접어드니

　　　　　열매를 맺고 수확을 기다리는 것과 같다.

　　　　　곤궁은 어머니 노모이니 매사에 의욕이 없고 죽어서

　　　　　흙으로 돌아가는 죽음과 전략의 문이다.

• 경(驚)문 ; 구궁의 원래 위치는 7적금성 태상절 태궁이다.

　　궁 오행은 금이며 궁 은복지지는 유이다.

　　8월에 차가운 기운이 감돌게 되니 대비 태세로 들어가게 된다.

　　태궁은 소녀 궁으로 방황하는 것이 되어 불안, 초조하게 되는 것이다.

　　놀람, 불안, 초조, 개혁, 변동의 문이다.

• 개문 ; 구궁의 본래 위치는 6백금성 건삼련의 건궁이다.

　　궁 오행은 금이며 궁 은복지지는 술과 해이다.

　　술과 해 중 술에는 화가 암장되어 있으며 해에는 목이 암장되어 있어서

　　성장과 확장의 속성이 있게 된다.

　　건궁은 아버지 노부가 되므로 심사숙고하는 성격이 있게 된다.

　　개척, 심사숙고, 성장, 확장의 문이다.

• 휴문 ; 구궁의 본래 위치는 1백수성 감중련의 감궁이다.

　　궁 오행은 수이며 궁 은복지지는 자이다.

　　동짓달 춥고 얼어 있으니 만물이 움추려들어 쉬게 되는 것이다.

　　쉬고 난 연후에 전진하기 위하여 축적하는 시기이다.

　　감추고 숨기고 축적하는 문이다.

　　감궁은 중남 궁으로 가운데 아들은 아래위로 구박을 당하게 되는

　　형상으로 눈치가 생기게 되는 것으로

　　눈치껏 감추고 숨기는 속성이 있는 문이다.

　　8문 중 길문은 생문 개문 휴문은 길문으로 보게 된다.

　　8문 중 흉문은 사문 상문 경(驚)문은 흉문으로 보게 된다.

8문의 포국

1) 사주일주를 양둔 음둔으로 구별한다.

양둔은 8문포국의 일정한 진행순서에 따라서 구궁 순행 포국하고

음둔은 8문포국의 일정한 진행순서에 따라서 구궁 역행 포국한다.

양둔은 동지 시작부터 하지 시작 전까지이며

음둔은 하지 시작부터 동지 시작 전까지이다.

음 양둔은 사주 월일시를 기준 한다.

2) 일주 子원을 분류한다.

子원이란 甲子 丙子 戊子 庚子 壬子를 말한다.

일주 간지에서 역순하여 짚어가게 되면 子위에 머무는 천간이

甲 丙 戊 庚 壬에 머물게 된다.

甲 戊 壬 子원과 丙 庚 子원으로 분류한다.

갑 무 임 자원은 8백토성 간상련의 간궁에서 출발하게 된다.

병 경 자원은 1백수성 감중련의 감궁에서 출발하게 된다.

3간지씩 각궁에 머물고 일주가 닿는 궁에서 생문이 시작하여

양둔은 일정한 진행순서에 따라 순행 포국하고

음둔은 일정한 진행순서에 따라 역행 포국한다.

3) 8문의 일정한 진행순서

양둔 갑 무 임 자원은

간궁 → 태궁 → 손궁 → 이궁 → 감궁 → 건궁 → 진궁 → 곤궁으로
진행한다.

3	4	8
7		2
1 갑무임자원	5	6

음둔 갑 무 임 자원은

간궁 → 곤궁 → 진궁 → 건궁 → 감궁 → 이궁 → 손궁 → 태궁으로
진행한다.

7	6	2
3		8
1 갑무임자원	5	4

양둔 병 경 자원은
감궁 → 건궁 → 진궁 → 곤궁 → 간궁 → 태궁 → 손궁 → 이궁으로
진행한다.

7	8	4
3		6
5	1 병경자원	2

음둔 병 경 자원은
감궁 → 이궁 → 손궁 → 태궁 → 간궁 → 곤궁 → 진궁 → 건궁으로
진행한다.

3	2	6
7		4
5	1 병경자원	8

상기 8문포국은 양둔 음둔을 구별하고
갑 무 임 자원 병 경 자원을 분류하여 일정한 진행순서대로 가는 것을
알 수 있으니 암기숙달 하여야 한다.

예를 들어 양둔 경오 일주라면

일주 경오에서 역순으로 경오 기사 무진 정묘 병인 을축 갑자가 된다.

그래서 甲子원이 된다.

경 생 오	상	겸
사		정무기 휴 묘진사
갑을병 개 자축인	두	경

음둔 경오 일주라면

일주 경오에서 역순으로 경오 기사 무진 정묘 병인 을축 갑자가 된다.

그래서 甲子원이 된다.

사	경	정무기 휴 묘진사
경 생 오		겸
갑을병 개 자축인	두	상

양둔 무인 일주라면

일주 무인에서 역순으로 무인 정축 병자가 된다.

그래서 丙子원이 된다.

개	휴	경
두		겸
사	병정무　생 자축인	상

음둔 무인 일주라면

일주 무인에서 역순으로 무인 정축 병자가 된다.

그래서 丙子원이 된다.

두	상	겸
개		경
사	병정무　생 자축인	휴

양둔 을해 일주라면

일주 을해에서 역순으로 을해 갑술 계유 임신 신미 경오 기사 무진 정묘
병인 을축 갑자가 된다.

그래서 甲子원이다.

경신임　휴 오미신	계갑을　생 유술해	사
경		정무기　개 묘진사
갑을병　경 자축인	상	두

음둔 을해 일주라면

일주 을해에서 역순으로 을해 갑술 계유 임신 신미 경오 기사 무진 정묘
병인 을축 갑자가 된다.

그래서 甲子원이다.

경	두	정무기　개 묘진사
경신임　휴 오미신		사
갑을병　경 자축인	상	계갑을　생 유술해

양둔 계해 일주라면

일주 계해에서 역순으로 계해 임술 신유 경신 기미 무오 정사 병진 을묘 갑인 계축 임자가 된다.

그래서 壬子원이 된다.

무기경　휴 오미신	신임계　생 유술해	사
경		을병정　개 묘진사
임계갑　<u>경</u> 자축인	상	두

음둔 계해 일주라면

일주 계해에서 역순으로 계해 임술 신유 경신 기미 무오 정사 병진 을묘 갑인 계축 임자가 된다.

그래서 壬子원이 된다.

경	두	을병정　개 <u>묘진사</u>
무기경　휴 오미신		사
임계갑　<u>경</u> 자축인	상	신임계　생 유술해

양둔 갑자 일주라면

일주 갑자에서 역순으로 갑자뿐이므로 갑자가 된다.

그래서 甲子원이다.

두	경	휴
개		상
갑 생 자	사	경

음둔 갑자 일주라면

일주 갑자에서 역순으로 갑자뿐이므로 갑자가 된다.

그래서 甲子원이다.

개	경	상
두		휴
갑 생 자	사	경

양둔 임인 일주라면

일주 임인에서 역순으로 임인 신축 경자가 된다.

그래서 庚子원이 된다.

개	휴	경
두		겸
사	경신임　생 자축인	상

음둔 임인 일주라면

일주 임인에서 역순으로 임인 신축 경자가 된다.

그래서 庚子원이 된다.

두	상	겸
개		경
사	경신임　생 자축인	휴

예를 든 사주를 **8문** 포국하겠다.

72 62 52 42 32 22 12 2
甲 癸 壬 辛 庚 己 戊 丁
辰 卯 寅 丑 子 亥 戌 酉

시	연간, 월간	월
2 편인 丁 6 편재 辛 천 **두** -26-71	7 정인 乙 1 정재 丙 유 **상** -8-90	4 식신 壬 4 식신 癸 귀 **겸** -15-78
3 정관 己 5 겁재 壬 화 **개** -20-74	6 편재 2 편인 庚 -28-69	일간 9 상관 辛 9 상관 戊 복 **경** -45-62
세 8 편관 戊 10 - 乙 생 사 -7-53	시간 5 겁재 癸 3 정관 丁 명 **생** -11-83	연 10 비견 丙 8 편관 己 절 **휴** -36-63

음둔 무인 일주에서 역순으로 무인 정축 병자가 된다.
그래서 丙子원이 되어
감궁에서 생문이 된다.
상문은 이궁, 두문은 손궁, 경문은 태궁
사문은 간궁, 겸문은 곤궁, 개문은 진궁
휴문은 건궁으로 역순 포국된다.

예2) 丁 辛 庚 辛　　남
　　　酉 丑 子 巳　　9/1변국, 음둔 윤 대설중원 7국

64 54 44 34 24 14 4
癸 甲 乙 丙 丁 戊 己
巳 午 未 申 酉 戌 亥

연, 연간, 일간 5 편인 戊 5 편인 辛 생 **두** -29-65	10 정인 己 10 정인 丙 절 **상** -15-90	7 편관 丁 3 편재 癸 명 **겸** -20-78
6 상관 癸 4 겁재 壬 복 **개** -24-71	월간 9 비견 1 식신 庚 -30-60	시 2 정관 乙 8 정재 戊 화 **경** -45-48
세 1 식신 丙 9 - 乙 천 **사** -9-46	월, 시간 8 정재 辛 2 정관 丁 귀 **생** -17-86	3 편재 壬 7 편관 己 유 **휴** -37-51

음둔 일주 신축에서 역순으로 신축 경자가 된다.

그래서 庚子원이 되어

감궁에서 생문이 된다.

상문은 이궁, 두문은 손궁, 경문은 태궁,

사문은 간궁, 경문은 곤궁, 개문은 진궁,

휴문은 건궁으로 역순 포국된다.

예3) 丁 甲 甲 甲 　남
　　　卯 子 戌 午 　　7/5변국, 음둔 입동상원 6국

61 51 41 31 21 11 1
辛 庚 己 戊 丁 丙 乙
巳 辰 卯 寅 丑 子 亥

3 식신 乙 4 정인 庚 귀 **개** -10-81	연, 시간 8 상관 戊 9 편인 丁 복 **경** -45-59	5 편관 癸 2 정재 壬 천 **상** -3-90
시, 연간 4 정인 壬 3 식신 辛 절 **두** -6-85	월간 7 편재 5 편관 己 -15-78	10 정관 丙 7 편재 乙 유 **휴** -28-70
9 편인 丁 8 상관 丙 명 **생** -36-68	세 6 겁재 庚 1 - 癸 생 **사** -1-51	월, 일간 1 비견 辛 6 겁재 戊 화 **경** -21-71

음둔 일주 갑자에서 역순으로 역시 갑자가 된다.

甲子원이 되어 간궁에서 생문이 된다.

상문은 곤궁, 두문은 진궁, 경문은 건궁,

사문은 감궁, 경문은 이궁, 개문은 손궁,

휴문은 태궁으로 역순 포국된다.

57　47　37　27　17　7
庚　辛　壬　癸　甲　乙
子　丑　寅　卯　辰　巳

	월	월간
1 정재 戊 7 정인 癸 절 **경** -33-68	6 편재 丙 2 편인 戊 생 **두** -11-83	3 정관 庚 5 겁재 丙 화 **개** -20-73
일간 2 편인 癸 6 편재 丁 귀 **휴** -26-70	연간 5 겁재 3 정관 壬 -36-67	**세**, 시간 8 편관 辛 10 － 庚 명 **사** -8-53
연 7 정인 丁 1 정재 己 유 **졌** -9-90	시 4 식신 己 4 식신 乙 복 **상** -15-77	9 상관 乙 9 상관 辛 천 **생** -45-62

음둔 일주 정유에서 역순으로 정유 병신 을미 갑오 계사 임진
신묘 경인 기축 무자가 된다. 그래서 戊子원이 된다.
간궁에서 무자 기축 경인 3간지가 머물고
다음은 곤궁에서 신묘 임진 계사 3간지가 머물고
다음은 진궁에서 갑오 을미 병신 3간지가 머물고
다음은 건궁에서 정유 일주가 머물게 된다.
건궁에 생문, 감궁에 상문, 이궁에 두문, 손궁에 경문
태궁에 사문, 간궁에 경문, 곤궁에 개문
진궁에 휴문으로 역순 포국된다.

예5) 戊 庚 辛 丁　　남
　　　寅 申 亥 巳　　6/3변국 음둔 입동하원 3국

62 52 42 32 22 12 2
甲 乙 丙 丁 戊 己 庚
辰 巳 午 未 申 酉 戌

연 2 정인 癸 7 편인 乙 절 **사** -18-87	월간 7 편인 丁 2 정인 辛 생 **경** -41-61	세 4 상관 庚 5 - 己 화 **휴** -5-49
시간 3 편관 己 6 정재 戊 귀 **생** -11-90	6 정재 3 편관 丙 -21-85	9 식신 壬 10 겁재 癸 명 **경** -38-78
시 8 정관 辛 1 편재 壬 유 **개** -39-69	일간 5 비견 乙 4 상관 庚 복 **두** -45-54	월, 연간 10 겁재 戊 9 식신 丁 천 **상** -30-79

음둔 일주경신에서 역순으로 경신 기미 무오 정사 병진 을묘
갑인 계축 임자가 된다. 그래서 임자원이 된다.
간궁에서 임자 계축 갑인 3간지가 머물고
다음은 곤궁에서 을묘 병진 정사 3간지가 머물고
다음은 진궁에서 무오 기미 경신 3간지가 머물게 된다.
진궁에 생문, 건궁에 상문, 감궁에 두문, 이궁에 경문
손궁에 사문, 태궁에 경문, 간궁에 개문
곤궁에 휴문으로 역순 포국된다.

12. 9성

9성은 육의삼기와 8장과 함께 연국에 속한다.

9성은 궁 오행의 영향을 받는다.

9성은 9개의 별을 말한다.

8괘는 상지이고, 8문은 상인이며, 9성은 상천이다.

9성은 천봉 9성과 태을 9성 두 가지가 있다.

9성은 천봉 9성을 설명하도록 하겠다.

1) 9성

천봉성, 천임성, 천충성, 천보성, 천영성, 천예성, 천주성, 천심성, 천금성이다.

구궁 포국할 시에

천봉성은 **봉**, 천임성은 **임**, 천충성은 **충**, 천보성은 **보**

천영성은 **영**, 천예성은 **예**, 천주성은 **주**, 천심성은 **심**

천금성은 **금**으로 구궁에 약자로 표기 하겠다.

2) 9궁 9성의 본래 자리

천보	천영	천예
천충	천금	천주
천임	천봉	천심

상기 9성의 본래 자리를 필히 암기하도록 한다.

- 길한 9성; 천임, 천보, 천심성으로 본다.
- 흉한 9성; 천봉, 천예성으로 본다.
- 보통 9성; 천충, 천영, 천주, 천금성으로 보게 된다.

3) 9성 포국

(1) 사주의 시주 순수가 위치한 지반 육의삼기가

　　타 궁으로 천반 육의삼기로

　　올라가 있게 된다.

　(2) 본래의 궁 9성 천반 육의삼기가 붙어 있는 궁으로

　　　9성이 가까운 방향 순서대로

　　　옮기어가 포국된다.

　　　그러나 필자는 1백수성 감중련의 감궁에 있는

　　　지반 육의삼기가 타 궁에 천반 육의삼기로

　　　옮기어 포국되어 있으므로

　　　천반 육의삼기가 있는 궁에서

　　　천봉성을 시작하여 육의삼기를 따라

　　　가까운 방향으로 포국하게 된다.

4) 9성 포국에 특히 주의하여야 할 부분

　　사주의 시주 순수인 지반 육의삼기가 입중 포국되어 있으면

　　본래 곤궁의 천예성 대신 천금성이 포국된다.

　　사주 시 순수가 입중 포국되어 있으면

　　천봉 천임 천충 천보 천영 <u>천금</u> 천주 천심이 포국된다.

　　천 지반 육의삼기가 복음으로 동일하게 포국되어 있으면

　　9성 본래 자리 그대로 포국하게 된다.

예를 들어

음둔 7국에 정사 시이면
시주 순수는 갑인 계이다.

정 봉 신	을 임 병	임 충 계
기 심 임	경	신 보 무
무 주 을	계 예 정	병 영 기

예를 들어
양둔 7국에 정사 시이면
시주 순수는 갑인 계이다.

계 충 정	정 보 경	경 영 임
기 임 계	병	임 예 무
신 봉 기	을 심 신	무 주 을

양둔 9국에 정사 시이면
시주 순수는 갑인 계이다.

을 임 임	신 충 무	임 보 경(계)
기 봉 신	계	무 영 병
정 심 을	병 주 기	계 금 정

시주 순수가 입중 포국되어 있으므로 천예성 대신 천금성이 포국된다.

음둔 9국에 정사 시이면
시주 순수는 갑인 계이다.

무 영 계	병 에 무	경 주 병
계 보 정	임	신 심 경
정 충 기	기 임 을	을 봉 신

음둔 6국에 무진 시이면
시주 순수는 갑자 무이다.

경 보	정 영	임 예
경	정	임
신 충		을 주
신	기	을
병 임	계 봉	무 심
병	계	무

복음격으로 구궁 본래 자리 대로 9성이 포국된다.

양둔 6국에 무진 시이면
시주 순수는 갑자 무이다.

병 보	신 영	계 예
병	신	계
정 충		기 주
정	을	기
경 임	임 봉	무 심
경	임	무

복음격으로 구궁 본래 자리 대로 9성이 포국된다.

음둔 6국에 정묘 시이면

시주 순수는 갑자 무이다.

을 주 경	무 심 정	계 봉 임
임 예 신	기	병 임 을
정 영 병	경 보 계	신 충 무

양둔 6국에 정묘 시이면

시주 순수는 갑자 무이다.

임 봉 병	경 임 신	정 충 계
무 심 정	을	병 보 기
기 주 경	계 예 임	신 영 무

6) 각 9성의 속성

● 천봉성

1백수성 감중련인 감궁의 수 오행을 간직하고 있다.

천봉성과 천예성 두 9성을 흉성으로 보게 된다.

도적 침체 사기 혼란 등의 속성을 지니고 있다.

기문포국 중에 세궁이 5 또는 10으로 동처 재성수가 1 또는 6이고

9성은 천봉 8문은 휴문 8장은 현무 신살은 역마 육의삼기가 을과 경이면

본 사주가 애인과 도망간다고 해석한다.

또한 화류계 여성을 처로 맞이하거나 처가 바람기가 있게 된다.

흉성 중의 하나이나 궁 오행과 8문과의 관계를 보아야 한다.

질병으로는 수, 습한 음기로 인한 질병으로 보게 된다.

142

● 천임성

8백토성 간상련인 간궁의 토 오행을 간직하고 있다.

천임성은 천보성 천심성과 함께 세 9성을 길성으로 보게 된다.

이주 제사 개혁 변동 독불장군의 속성을 지니고 있다.

속성속패 개혁 변동의 기질이 있으니 상처도 받고 상해를 당하기도 한다.

길성 중의 하나이나 궁 오행과 8문과의 관계를 보아야 한다.

질병으로는 묘의 이상으로 묘의 신이 붙은 것으로 보게 된다.

● 천충성

3벽목성 진하련인 진궁의 목 오행을 간직하고 있다.

천충성은 천영성 천주성 천금성과 함께 보통성으로 보게 된다.

남을 구제하는 활인공덕의 속성을 지니고 있으며 호살 지기 속성도 있다.

동처의 궁 오행과 8문과의 관계를 보아야 한다.

질병으로는 나무로 인한 질병, 문상으로 인한 질병으로 보게 된다.

● 천보성

4록목성 손하절인 손궁의 목 오행을 간직하고 있다.

천보성은 천임성과 천심성과 함께 세 9성을 길성으로 보게 된다.

활인 성과 귀인의 도움이 있는 속성이 있다.

동처의 궁 오행과 8문과의 관계를 보아야 한다.

금전이나 도움을 청할 시에 그날 천보 시에 찾아가서 도움을 요청하면

도움을 받을 수가 있다. 질병으로는 천신의 노여움으로 인한 질병으로 보게 된다.

● 천영성

9자화성 이허중인 이궁의 화 오행을 간직하고 있다.

천영성은 천충성 천주성 천금성과 함께 소길 소흉 성으로 보게 된다.

문화의 성으로 문필 학문 시험 잔치 서류제출에 길한 속성이 있다.

동처의 궁 오행과 8문과의 관계를 보아야 한다.

질병으로는 조왕신의 노여움으로 인한 질병으로 보게 된다.

● 천예성

2흑토성 곤삼절인 곤궁의 토 오행을 간직하고 있다.

천예성은 천봉성과 함께 흉성으로 보게 된다.

수도자 종교인 인내심 고집 종말의 속성을 지니고 있다.

동처의 궁 오행과 8문과의 관계를 보아야 한다.

질병으로는 조상의 노여움으로 인한 질병으로 보게 된다.

● 천주성

7적금성 태상절인 태궁의 금 오행을 간직하고 있다.

천주성은 천충성 천영성 천금성과 함께 소길 소흉 성으로 보게 된다.

음모와 변절 선도자 선동자 은둔자등의 속성이 있다.

동처의 궁 오행과 8문과의 관계를 보아야 한다.

질병으로는 악담, 구업, 우물로 인한 질병으로 보게 된다.

● 천심성

6백금성 건삼련인 건궁의 금 오행을 간직하고 있다.

천심성은 천임성 천보성과 함께 길성으로 보게 된다.

제약업 명의 도인 역술 복술 의사 등의 속성을 지니고 있다.

동처의 궁 오행과 8문과의 관계를 보아야 한다.

질병으로는 칠성신의 노여움으로 인한 질병으로 보게 된다.

● 천금성

5황토성 중궁의 토 오행을 간직하고 있다.

천금성은 천충성 천영성 천주성과 함께 소길 소흉 성으로 보게 된다.

지배자 정의심 통솔자 등의 속성이 있게 된다.

장례 제사에 사용하면 좋은 것으로 보게 된다.

동처의 궁 오행과 8문과의 관계를 보아야 한다.

질병으로는 여러 신으로 보게 된다.

예를 든 사주에 **9성**을 포국하겠다.

72 62 52 42 32 22 12 2
甲 癸 壬 辛 庚 己 戊 丁
辰 卯 寅 丑 子 亥 戌 酉

시 　2 편인 丁 **봉** 　6 편재 辛 천 두 　-26-71	연간, 월간 　7 정인 乙 **임** 　1 정재 丙 유 상 　-8-90	월 　4 식신 壬 **충** 　4 식신 癸 귀 경 　-15-78
 　3 정관 己 **심** 　5 겁재 壬 화 개 　-20-74	 　6 편재 　2 편인 庚 　-28-69	일간 　9 상관 辛 **보** 　9 상관 戊 복 경 　-45-62
세 　8 편관 戊 **주** 　10 － 乙 생 사 　-7-53	시간 　5 겁재 癸 **예** 　3 정관 丁 명 생 　-11-83	연 　10 비견 丙 **영** 　8 편관 己 절 휴 　-36-63

감궁 지반육의삼기 정이 손궁 천반육의삼기로 올라가 있으므로
손궁에 천봉성이 포국된다.
이궁에 천임성, 곤궁에 천충성,
태궁에 천보성, 건궁에 천영성,
감궁에 천예성, 간궁에 천주성,
진궁에 천심성이 구궁 외각으로 포국된다.

64 54 44 34 24 14 4
癸 甲 乙 丙 丁 戊 己
巳 午 未 申 酉 戌 亥

연, 연간, 일간 　5 편인 戊 **주** 　5 편인 辛 생 두 -29-65	10 정인 己 **심** 10 정인 丙 절 상 -15-90	7 편관 丁 **봉** 3 편재 癸 명 경 -20-78
6 상관 癸 **예** 　4 겁재 壬 복 개 -24-71	월간 　9 비견 　1 식신 庚 -30-60	시 　2 정관 乙 **임** 　8 정재 戊 화 경 -45-48
세 　1 식신 丙 **영** 　9 － 乙 천 사 -9-46	월, 시간 　8 정재 辛 **보** 　2 정관 丁 귀 생 -17-86	3 편재 壬 **충** 　7 편관 己 유 휴 -37-51

감궁 지반육의삼기 정이 곤궁 천반육의삼기로 올라가 있으므로
곤궁에 천봉성이 포국된다.
태궁에 천임성, 건궁에 천충성, 감궁에 천보성,
간궁에 천영성, 진궁에 천예성, 손궁에 천주성,
이궁에 천심성이 구궁 외각으로 포국된다.

예3) 丁 甲 甲 甲　　남
　　 卯　子　戌　午　　7/5변국, 음둔 입동상원 6국

61 51 41 31 21 11 1
辛 庚 己 戊 丁 丙 乙
巳 辰 卯 寅 丑 子 亥

3 식신 乙 **주** 4 정인 庚 귀 개 −10−81	연, 시간 　8 상관 戊 **심** 　9 편인 丁 복 경 −45−59	5 편관 癸 **봉** 2 정재 壬 천 상 −3−90
시, 연간 　4 정인 壬 **예** 　3 식신 辛 절 두 −6−85	월간 　7 편재 甲 　5 편관 己 −15−78	10 정관 丙 **임** 7 편재 乙 유 휴 −28−70
9 편인 丁 **영** 8 상관 丙 명 생 −36−68	세 　6 겁재 庚 **보** 　1 − 癸 생 사 −1−51	월, 일간 　1 비견 辛 **충** 　6 겁재 戊 화 경 −21−71

감궁 지반육의삼기 계가 곤궁 천반육의삼기로 올라가 있으므로
곤궁에 천봉성이 포국된다.

태궁에 천임성, 건궁에 천충성, 감궁에 천보성,

간궁에 천영성, 진궁에 천예성, 손궁에 천주성,

이궁에 천심성이 구궁 외각으로 포국된다.

예4) 庚 丁 丙 壬　여
　　子 酉 午 寅　　5/3변국, 음둔 하지상원 9국

57 47 37 27 17 7
庚 辛 壬 癸 甲 乙
子 丑 寅 卯 辰 巳

	월	월간
1 정재 戊 영 7 정인 癸 절 경 -33-68	6 편재 丙 예 2 편인 戊 생 두 -11-83	3 정관 庚 주 5 겁재 丙 화 개 -20-73
일간 2 편인 癸 보 6 편재 丁 귀 휴 -26-70	연간 5 겁재 3 정관 壬 -36-67	세, 시간 8 편관 辛 심 10 - 庚 명 사 -8-53
연 7 정인 丁 충 1 정재 己 유 경 -9-90	시 4 식신 己 임 4 식신 乙 복 상 -15-77	9 상관 乙 봉 9 상관 辛 천 생 -45-62

감궁 지반육의삼기 을이 건궁 천반육의삼기로 올라가 있으므로
건궁에 천봉성이 포국된다.
감궁에 천임성, 간궁에 천충성, 진궁에 천보성,
손궁에 천영성, 이궁에 천예성, 곤궁에 천주성,
태궁에 천심성이 구궁 외각으로 포국된다.

예5) 戊 庚 辛 丁　　남
　　　寅 申 亥 巳　　6/3변국, 음둔 입동하원 3국

62 52 42 32 22 12 2
甲 乙 丙 丁 戊 己 庚
辰 巳 午 未 申 酉 戌

연 2 정인 癸 주 7 편인 乙 절 사 -18-87	월간 7 편인 丁 심 2 정인 辛 생 경 -41-61	세 4 상관 庚 봉 5 - 己 화 휴 -5-49
시간 3 편관 己 예 6 정재 戊 귀 생 -11-90	6 정재 3 편관 丙 -21-85	9 식신 壬 임 10 겁재 癸 명 경 -38-78
시 8 정관 辛 영 1 편재 壬 유 개 -39-69	일간 5 비견 乙 보 4 상관 庚 복 두 -45-54	월, 연간 10 겁재 戊 충 9 식신 丁 천 상 -30-79

감궁 지반육의삼기 경이 곤궁 천반육의삼기로 올라가 있으므로
곤궁에 천봉성이 포국된다.
태궁에 천임성, 건궁에 천충성, 감궁에 천보성,
간궁에 천영성, 진궁에 천예성, 손궁에 천주성,
이궁에 천심성이 구궁 외각으로 포국된다.

13. 8장

8장은 육의삼기와 9성과 함께 연국에 속한다.

8장은 10개의 신장을 말한다.

8괘는 상지이며 땅의 기운을 알 수 있으며

8문은 상인이며 인사의 기운을 알 수 있으며

9성은 상천이며 하늘의 기운을 알 수 있다.

8장은 보필의 신장이다.

8장은 양둔과 음둔을 구별한다.

양둔 8개의 신장과 음둔 8개의 신장을 사용하게 된다.

양둔 8개 신장은 구궁 외각 시계 방향으로 포국하게 된다.

음둔 8개 신장은 구궁 외각 시계 반대 방향으로 포국하게 된다.

- **양둔 8장 ; 직부, 등사, 태음, 육합, 구진, 주작, 구지, 구천** 8개 신장을 사용한다.
- **음둔 8장 ; 직부, 등사, 태음, 육합, 백호, 현무, 구지, 구천** 8개 신장을 사용한다.

구궁에 표기는 약자로 표기하겠다.

직부는 **부**, 등사는 **사**,

태음은 **음**, 육합은 **합**,

구진은 **진**, 주작은 **작**,

백호는 **호**, 현무는 **무**,

구지는 **지**, 구천은 **천**

자 ; 천후	축 ; 귀인
인 ; 직부	묘 ; 육합
진 ; 구진(양둔에 사용)	사 ; 등사
오 ; 주작(양둔에 사용)	미 ; 구지
신 ; 백호(음둔에 사용)	유 ; 태음
술 ; 구천	해 ; 현무(음둔에 사용)이다.

1) 8장 포국방법

⑴ 사주의 시간 지반 육의삼기가 있는 궁에서 직부를 시작한다.

⑵ 양둔은 구궁외각 시계 방향으로

직부, 등사, 태음, 육합, 구진, 주작, 구지, 구천 8개 신장을

구궁외각 시계 방향으로 포국한다.

음둔은 구궁외각 시계 반대 방향으로

직부, 등사, 태음, 육합, 백호, 현무, 구지, 구천 8개 신장을

구궁외각 시계 반대 방향으로 포국한다.

2) 8장의 원래 자리

구진 등사 辰 巳	주작 午	구지 백호 未 申
육합 卯		태음 酉
직부 귀인 寅 丑	천후 子	현무 구천 亥 戌

- 직부 ; 8백토성 간상련인 간궁에 위치하며 인이다.
- 등사 ; 4록목성 손하절인 손궁에 위치하며 사이다
- 태음 ; 7적금성 태상절인 태궁에 위치하며 유이다
- 육합 ; 3벽목성 진하련인 진궁에 위치하며 묘이다
- 구진 ; 양둔에 사용, 4록목성 손하절인 손궁에 위치하며 진이다
- 주작 ; 양둔에 사용, 9자화성 이허중인 이궁에 위치하며 오이다
- 백호 ; 음둔에 사용, 2흑토성 곤삼절인 곤궁에 위치하며 신이다.
- 현무 ; 음둔에 사용, 6백금성 건삼련인 건궁에 위치하며 해이다
- 구지 ; 2흑토성 곤삼절인 곤궁에 위치하며 미이다.

• 구천 ; 6백금성 건삼련인 건궁에 위치하며 술이다

자 천후와 축 귀인은 기문 국 8장에 사용하지 않는다.

3) 각 8장의 속성

• **직부** ; 간궁의 인목으로 목 오행을 간직하고 있다.
　　　　　동방 청제를 보필하는 신장으로 비를 관장한다.
　　　　　백호신장과 대충방에 있는 것을 꺼리게 된다.
　　　　　청룡과 백호가 대충방에 동하여 있으면 청룡과 백호 중
　　　　　득령 득궁을 보아서 가름하게 된다.
　　　　　백호가 득궁 득령을 얻지 못하였으면 백호의 흉 이가 감소된다.
　　　　　청룡이 득궁 득령을 얻지 못하였으면 청룡의 길이가 감소된다.
　　　　　직부가 홍국수 9금과 동궁하는 것 또한 꺼린다.
　　　　　도사 귀인 부귀 차량 자식출산 등의 속성이 있다.
　　　　　득궁 득령을 얻어 동처가 되면 길한 기운이 나타나게 된다.
　　　　　길한 신장 중의 하나이다.

• **등사** ; 손궁 등사 사 이므로 화 오행을 간직하고 있다.
　　　　　홍국수 2 7 5 10을 보필하는 신장이다.
　　　　　사화는 음화로서 헛된 불과 같아서 믿음이 없으며 성실하지 못한
　　　　　속성을 가지고 있다.
　　　　　의심과 근심 결혼과 임신 음사의 흉한 신장으로 보게 된다.
　　　　　동처에 등사가 득령 득궁을 보아서 결정하게 된다.
　　　　　등사와 백호의 궁은 화액 질병 혈광신으로 보게 된다.

• 태음 ；태궁의 유금 오행을 간직하고 있는 신장이다.
　　　숨기고 감추고 사기 음란 음사 자식출산 기쁨 구설 등의
　　　속성을 가지고 있다.
　　　동처에 태음이 득령 득궁을 보아서 결정하게 된다.
　　　관성 태음 경문 천영이 동궁하면 남편이나 본인의 음사가 있게 된다.
　　　재성 태음 경문 천영이 동궁하면 처나 본인의 음사가 있게 된다고 본다.
　　　태음지하 육합지하 숨기고 피하는 것이 좋다.

• 육합 ；진궁 묘목 오행을 간직하고 있다.
　　　혼인 결혼 암매 음란의 속성이 있게 된다.
　　　동처에 육합이 득령 득궁을 보아서 결정하게 된다.
　　　재성과 육합이 동궁하면 색정 이성 간에 구설이 있게 된다.
　　　재성과 육합이 미혼 남자한테는 혼인의 일로 좋게 보나
　　　기혼자는 나쁘게 보게 된다.
　　　중개업 무역업 등에는 길한 신장이다.
　　　육합과 태음에는 숨기고 피하라.

• 백호 ；곤궁의 신금 오행을 간직하고 있는 신장이다.
　　　권위 위엄 골육손상 혈광 화액 형액 등의 속성을 가지고 있다.
　　　동처에 백호의 득령 득궁을 보아서 결정하게 된다.
　　　일반적으로 흉한 신장으로 본다.
　　　백호와 등사는 화액 질병으로 보게 된다.
　　　동처 백호나 9금이 세궁을 극하게 되면
　　　본인에게 신체 이상이 있다고 본다.
　　　특히 동처 백호와 9금 관성이 동궁하여 세궁을 극하게 되면
　　　신체 이상이나 사고로 인하여 사망까지 이르게 된다.
　　　음둔에만 사용하는 신장이다.

• **현무 ;** 건궁의 해수 오행을 간직하고 있는 신장이다.

현무는 도적의 신장이며 구진은 도적을 잡는 신장이다.

음란 분실 도망 사기 혼란 등의 속성을 가지고 있다.

동처에 현무의 득령 득궁을 보아서 결정하게 된다.

현무신장이 세궁을 극하게 되면 도적을 당하게 된다고 보게 된다.

음둔에만 사용하는 신장이다.

• **구진 ;** 손궁 구진은 진토 오행을 간직하고 있는 신장이다.

진토용은 구름을 부르는 구름신장이다.

구진은 육효나 기문에서 일이 지체되는 지체의 신장으로 본다.

토지 전택 전투 투쟁 등의 속성을 가지고 있다.

현무신장은 도적이며 구진신장은 도적을 잡는 경찰로 보게 된다.

동처에 구진의 득령 득궁을 보아서 결정하게 된다.

구진이 득궁 득령하고 현무가 실령 실궁하면

도적이 붙잡히게 된다고 본다.

양둔에만 사용하는 신장이다.

• **주작 ;** 이궁의 오화 오행을 간직하고 있는 신장이다.

주작은 문명의 신장으로 보게 된다.

구설 문명 권위 송사 소식 문장 등의 속성을 가지고 있는 신장이다.

동처에 주작의 득령 득궁을 보아서 결정하게 된다.

주작이 7화와 동궁하여 인성이면 학문과 문장 소식 등에 길하게 본다.

양둔에만 사용하는 신장이다.

- **구지 ;** 곤궁의 미토 오행을 간직하고 있는 신장이다.

  구지신장과 8괘인 귀혼이 동궁하면 사망도 하게 된다고 본다.

  구지신장과 8문인 사문이 동궁하여도 사망도 하게 된다고 본다.

  곤궁은 노모의 궁으로 죽음과 연관이 있기 때문이다.

  구지 태음 육합에서는 숨기고 피하라.

  동처에 구지의 득령 득궁을 보아서 결정하게 된다.

- **구천 ;** 건궁의 술토 오행을 간직하고 있다.

  건궁은 아버지의 강렬함 강직함 엄격함 보수적인 속성을 가지고 있다.

  구지에서는 숨기고 피하고

  구천에서는 움직이고 일어나라.

  인장 문서 허가 등에 길하게 보게 된다.

  동처에 구천의 득령 득궁을 보아서 결정하게 된다.

4) 지금까지 포국하기 위한 것을 요약정리하면 다음과 같다.

(1) 사주를 세운다.

(2) 홍국수를 산출한다.

홍국지반수와 홍국천반수를 중궁에 입중 포국한다.

지반수는 구궁 순행 포국하고

천반수는 구궁 역행 포국한다.

(3) 동처를 표기한다. (연궁 월궁 세궁 시궁 중궁)

(4) 유년을 계산한다.

세궁에서 지반수는 구궁 순행 대로 계산하고

세궁에서 천반수는 구궁 역행 대로 계산한다.

(5) 육의삼기를 포국한다.

지반육의삼기와 천반육의삼기를 포국한다.

(6) 지반육의삼기 궁에 사간을 표기한다. (연간 월간 일간 시간)

(7) 8괘를 포국한다.

중궁지반수를 기준하여 포국한다.

(8) 8문을 포국한다.

일주 자원을 찾아서 포국한다.

(9) 9성을 포국한다.

지반육의삼기의 이동을 따라 9성을 포국한다.

(10) 8장을 포국한다.

기문국을 포국하는데 있어서 처음에는 많은 시간이 소요되나

숙달되면 약 3~5분에서 10분 안에 포국이 될 것이다.

필자 또한 처음에는 40분 이상 걸리게 되어 어려움을 많이 겪었다.

예를 든 사주에 **8장**을 포국하여 보겠다.

72 62 52 42 32 22 12 2
甲 癸 壬 辛 庚 己 戊 丁
辰 卯 寅 丑 子 亥 戌 酉

시	연간, 월간	월
2 편인 丁 봉 **무** 6 편재 辛 천 두 -26-71	7 정인 乙 임 **호** 1 정재 丙 유 상 -8-90	4 식신 壬 충 **합** 4 식신 癸 귀 **겸** -15-78
3 정관 己 심 **지** 5 겁재 壬 화 개 -20-74	6 편재 2 편인 庚 -28-69	일간 9 상관 辛 보 **음** 9 상관 戊 복 경 -45-62
세 8 편관 戊 주 **천** 10 - 乙 생 사 -7-53	시간 5 겁재 癸 예 부 3 정관 丁 명 생 -11-83	연 10 비견 丙 영 **사** 8 편관 己 절 휴 -36-63

사주시간 정 지반육의삼기가 있는 궁은 감궁이다.

감궁에서 직부가 포국되고 음둔이므로 구궁외각 시계 반대 방향으로 포국된다.

등사는 건궁, 태음은 태궁, 육합은 곤궁, 백호는 이궁,

현무는 손궁, 구지는 진궁, 구천은 간궁, 으로 포국된다.

음둔이므로 구궁외각 시계 반대 방향으로 포국된다.

음둔은 백호와 현무신장이 포국된다.

예2) 丁 辛 庚 辛　　남
　　酉 丑 子 巳　　9/1변국, 음둔 윤 대설중원 7국

```
64 54 44 34 24 14 4
癸 甲 乙 丙 丁 戊 己
巳 午 未 申 酉 戌 亥
```

연, 연간, 일간 　5 편인 戊 주 **무** 　5 편인 辛 생 두 -29-65	10 정인 己 심 **호** 10 정인 丙 절 상 -15-90	7 편관 丁 봉 **합** 3 편재 癸 명 **경** -20-78
6 상관 癸 예 **지** 　4 겁재 壬 복 개 -24-71	월간 　9 비견 　1 식신 庚 -30-60	시 　2 정관 乙 임 **음** 　8 정재 戊 화 경 -45-48
세 　1 식신 丙 영 **천** 　9 － 乙 천 사 -9-46	월, 시간 　8 정재 辛 보 **부** 　2 정관 丁 귀 생 -17-86	3 편재 壬 충 **사** 　7 편관 己 유 휴 -37-51

사주시간 정 지반육의삼기가 있는 궁은 감궁이다.

감궁에서 직부가 포국되고 음둔이므로

구궁외각 시계 반대 방향으로 포국된다.

등사는 건궁, 태음은 태궁, 육합은 곤궁,

백호는 이궁, 현무는 손궁, 구지는 진궁,

구천은 간궁으로 포국된다.

음둔이므로 구궁외각 시계 반대 방향으로 포국된다.

음둔은 백호와 현무신장이 포국된다.

예 3) 丁 甲 甲 甲　　남
　　　卯 子 戌 午　　7/5변국, 음둔 입동상원 6국

61 51 41 31 21 11 1
辛 庚 己 戊 丁 丙 乙
巳 辰 卯 寅 丑 子 亥

3 식신 乙 주 **사** 4 정인 庚 귀 개 -10-81	연, 시간 8 상관 戊 심 **부** 9 편인 丁 복 **경** -45-59	5 편관 癸 봉 **천** 2 정재 壬 천 상 -3-90
시, 연간 4 정인 壬 예 **음** 3 식신 辛 절 두 -6-85	월간 7 편재 5 편관 己 -15-78	10 정관 丙 임 **지** 7 편재 乙 유 휴 -28-70
9 편인 丁 영 **합** 8 상관 丙 명 생 -36-68	**세** 6 겁재 庚 보 호 1 - 癸 생 사 -1-51	월, 일간 1 비견 辛 충 **무** 6 겁재 戊 화 경 -21-71

사주시간 정 지반육의삼기가 있는 궁은 이궁이다.

이궁에서 직부가 포국되고 음둔이므로

구궁외각 시계 반대 방향으로 포국된다.

등사는 손궁, 태음은 진궁, 육합은 간궁,

백호는 감궁, 현무는 건궁, 구지는 태궁,

구천은 곤궁으로 포국된다.

음둔이므로 구궁외각 시계 반대 방향으로 포국된다.

음둔은 백호와 현무신장이 포국된다.

예4) 庚 丁 丙 壬   여
      子 酉 午 寅   5/3변국, 음둔 하지상원 9국

57 47 37 27 17 7
庚 辛 壬 癸 甲 乙
子 丑 寅 卯 辰 巳

<table>
<tr>
<td>

1 정재 戊 영 **합**
7 정인 癸 절 경
-33-68

</td>
<td>

월
6 편재 丙 예 **음**
2 편인 戊 생 두
-11-83

</td>
<td>

월간
3 정관 庚 주 **사**
5 겁재 丙 화 개
-20-73

</td>
</tr>
<tr>
<td>

일간
2 편인 癸 보 **호**
6 편재 丁 귀 휴
-26-70

</td>
<td>

연간
5 겁재
3 정관 壬
-36-67

</td>
<td>

세, 시간
8 편관 辛 심 **부**
10 - 庚 명 사
-8-53

</td>
</tr>
<tr>
<td>

연
7 정인 丁 충 **무**
1 정재 己 유 경
-9-90

</td>
<td>

시
4 식신 己 임 **지**
4 식신 乙 복 상
-15-77

</td>
<td>

9 상관 乙 봉 **천**
9 상관 辛 천 생
-45-62

</td>
</tr>
</table>

사주시간 경 지반육의삼기가 있는 궁은 태궁이다.

태궁에서 직부가 포국되고 음둔이므로

구궁외각 시계 반대 방향으로 포국된다.

등사는 곤궁, 태음은 이궁, 육합은 손궁,

백호는 진궁, 현무는 간궁, 구지는 감궁,

구천은 건궁으로 포국된다.

음둔이므로 구궁외각 시계 반대 방향으로 포국된다.

음둔은 백호와 현무신장이 포국된다.

예5) 戊 庚 辛 丁　　남
　　寅 申 亥 巳　　6/3변국, 음둔 입동하원 3국

62 52 42 32 22 12 2
甲 乙 丙 丁 戊 己 庚
辰 巳 午 未 申 酉 戌

연	월간	세
2 정인 癸 주 **천** 7 편인 乙 절 사 -18-87	7 편인 丁 심 **지** 2 정인 辛 생 경 -41-61	4 상관 庚 봉 **무** 5 - 己 화 휴 -5-49
시간		
3 편관 己 예 **부** 6 정재 戊 귀 생 -11-90	6 정재 3 편관 丙 -21-85	9 식신 壬 임 **호** 10 겁재 癸 명 겸 -38-78
시	일간	월, 연간
8 정관 辛 영 **사** 1 편재 壬 유 개 -39-69	5 비견 乙 보 **음** 4 상관 庚 복 두 -45-54	10 겁재 戊 충 **합** 9 식신 丁 천 상 -30-79

사주시간 무 지반육의삼기가 있는 궁은 진궁이다.

진궁에서 직부가 포국되고 음둔이므로

구궁외각 시계 반대 방향으로 포국된다.

등사는 간궁, 태음은 감궁, 육합은 건궁,

백호는 태궁, 현무는 곤궁, 구지는 이궁,

구천은 손궁으로 포국된다.

음둔이므로 구궁외각 시계 반대 방향으로 포국된다.

음둔은 백호와 현무신장이 포국된다.

14. 12신살

추명명리에서 사용하고 있는 12신살과 동일하다.

겁살 재살 천살 지살 연살 월살 망신살 장성살 반안살 역마살 육해살 화개살

12개의 살이다.

12신살 찾는 방법 또한 추명명리와 동일하다.

연지나 월지를 기준하여 삼합 오행하는 방법이다.

기문에서는 추명명리와 다른 점은 12신살을 전부 사용하지 않고

겁살 연살 망신살 역마살 화개 살 5개를 사용하는 것이 조금 다르다.

1) 포국하는 방법

겁살 연살 화개 살은 원래 구궁지지에 붙이고

겁살 망신살 역마살은 홍국지반수에 붙이게 된다.

162

연지,월지	겁살	연살	망신살	역마살	화개살
신자진	손궁, 2	태궁	6	3	손궁
사유축	간궁, 3	이궁	9	6	간궁
인오술	건궁, 6	진궁	2	9	건궁
해묘미	곤궁, 9	감궁	3	2	곤궁

숫자는 기문국내 홍국지반수에 해당한다.

궁이라 되어있는 것은 본래 궁 은복지지에 해당한다.

12신살은 홍국수인 육신과의 연관성을 본다.

각 신살에 대하여 추명명리를 알고 있으므로

간단하게 핵심적인 것만 정리 해석하도록 하겠다.

• 겁살 ; 겁살은 12운성으로 절지에 해당한다.

공격당하고 빼앗기고 끊어짐 등의 속성을 가지고 있다.

겁살은 편관 칠살과 같은 속성을 간직하고 있다.

타인으로부터 공격당하고 빼앗기고 당하는 속성을 가지고 있다.

겁살은 밖으로 당하고 빼앗기는 것이며

망신살은 자기 스스로 내부적으로 당하고 빼앗기는 속성이 있다.

빼앗기고 당하는 것은 겁살이나 망신살이 같으나 당하는 방법이 다르다.

세궁이 강하면 겁살에 권위를 가지게 되나

세궁이 약하면 세궁을 공격하여 빼앗기고 당하게 된다.

그래서 사고 손재 실물 강탈 납치 관재 등을 당하게 된다.

예를 들어 묘 년생 갑신일주가 일지 신금이 겁살에 해당이 된다.

용신은 금이 된다고 하더라도 신금용신 운에 사고를 크게 당하게 되었다.

용신 운인데 왜 그렇게 되었을까.

신금용신 운이지만 신금편관이 겁살과 동주하게 되어

신금편관이 배가 된다는 것이다.

다른 육신 또한 겁살과 연관하여 추리 해석하면 되리라 믿는다.

다음 추명명리 핵심통변2편에 상세하게 쓰도록 하겠다.

• 연살 ; 연살은 12운성으로 욕지에 해당한다.

연살은 도화살 함지 살 목욕 살 등 여러 명칭으로 불리게 된다.

인성의 속성이 있으므로 어머니가 나를 예쁘고 귀엽고 사랑스럽다고

부추기는 것과 같은 속성을 지니고 있다

우쭐거리고 잘난 맛에 길들어져 있게 된다.

연월에 연살은 담장 안에 도화라 하여

부부간에 사랑이 싹트고 집안을 꾸미고

치장하고 깔끔하게 정리를 잘하는 면이 있다.

일시에 연살은 담장 밖에 도화라 하여

집밖에서 인기가 있고 다른 사람한테 사랑을 받는다.

연살은 비교적 인기가 있고 애교가 많고 어울리기를 좋아하는 점이 있다.

세궁 도화에 식상이 없으면 애인과 통정으로 처와는 이별하게 된다.

일시 쌍 도화는 길거리에 핀 꽃과 같으니 뭇사람으로부터 상처를 받는다.

월일시 3개의 도화는 들개팔자 화류계팔자로 보게 된다.

• 망신살 ; 망신살은 12운성으로 건록에 해당한다.

　　비견 겁재와 같으니 파재 파처 쟁재와 쟁처로

　　자기 스스로 내부적으로 빼앗긴다는 속성을 지니고 있다.

　　겁살은 밖으로 당하고 빼앗기는 것이며

　　망신살은 자기 스스로 내부적으로

　　당하고 빼앗기는 속성이 있다.

　　빼앗기고 당하는 것은 겁살과 망신살이 같으나 당하는 방법이 다르다.

　　편관에 망신살이 동궁하고 세궁이 약하게 되면

　　내외적으로 당하고 빼앗기는 것이 된다.

　　망신살은 공망 궁에 있는 것을 좋아하게 된다.

　　망신살 2개이면 부부이별이요

　　망신살 3개이면 들개팔자이다.

• 역마살 ; 역마살은 12운성으로 병지에 해당한다.

　　재성과 같으며 돈을 벌기 위하여 밖으로 쫓아다니며

　　노력과 노고가 많은 속성을 지니고 있다.

　　소식 정보 소문에 밝은 속성 또한 지니고 있다.

　　유흥업 무역업 유통업 운수업 외교관 등에 길하다

　　인과 사 역마는 비행기요 신 역마는 자동차이며

　　해 역마는 선박으로 보게 된다.

　　역마 인성이면 유학하게 되고

　　역마가 편관과 동궁하고 12운성으로 사 묘 절에 해당하면

　　객사하게 되는 것으로 보게 된다.

재성이 역마 궁이면 여자와 타향결혼 국제결혼으로 보며

관성이 역마 궁이면 남자와 타향결혼 국제결혼으로 보게 된다.

요즘에는 역마와 도화를 길하게 보게 된다.

• 화개살 ; 화개살은 12운성으로 묘지에 해당한다.

화개살은 식신과 같으며 베풀고 배려하는 속성을 가지고 있다.

화개는 꽃 화자와 덮을 개자가 합하여 화개이다.

임금의 화려한 양산을 쓰고 가는 것과 같은 좋은 속성도 있으나

상여를 화려한 꽃으로 장식한 것으로 보게 된다.

그래서 화개살은 길흉 양면성을 띠고 있게 된다.

성격 또한 일관성이 부족하고 변덕이 있게 된다.

화장품 화장실 화류계 장의사 창고업 등에 맞는 직업이 된다.

또한 종교가 역술가 점술가 신앙인 수도인 예술가 고독인 작가 등의

속성도 가지고 있다.

화개살이 공망이면 승도의 팔자이며 총명 영리하나

남들이 알아주지 않고 인정을 받지 못하는 경향이 있다.

오직 자기 자신의 수양을 위하여 수도하는 자세가 되어야 한다.

화개가 중중하면 고독한 사람이며 공방하게 되나 탈선은 잘하지 않는다.

여자사주에 화개가 관성과 동궁하면 그 남편은 풍류기 예술성이 있으며

변태성욕자 건달기가 있는 남편이다.

남자사주에 화개가 재성과 동궁하면

그 처는 화류계여성이나 불감증이 있는 여성이 될 수 있다.

월일 화개가 있으면 출생 시에 몸에 탯줄을 감고 출생한 것으로 본다.

12신살이나 다른 신살들을 자동차에 비유하게 되면

냉각수나 엔진오일과 같은 역할을 하게 된다고 본다.

엔진오일이나 냉각수가 없게 되면

자동차가 과열되어 운행이 되지 않는 것은 당연한 이치이다.

추명명리나 기문에서 무시하여 넘어갈 수가 없는 것이다.

아무리 고급자동차라 하더라도 냉각수나 엔진오일이 없으면
운행할 수가 없게 된다.

12신살은 음양오행 법에 기준하여 생겨났으며
10개의 육신과 똑같은 역할을 하게 되는 것이다.

변화를 알게 되면 통할 수 있다고 보는 것이다.

일부 역학인 중에 12신살, 12운성, 귀인, 많은 신살 등은
적용할 가치가 없다고 하나
그렇지 않다고 필자는 말하고 싶다.

육신과 신살의 상호작용 원리를 생각하여 보라는 말이다.

또한 육신이나 신살이 가만히 있을 시에는 작용을 하지 않다가
육신이나 신살이 살아 움직일 적에 모든 것이 작용하게 되는 것이다.

이번 〈기문둔갑 핵심포국〉 편 다음 추명명리 〈핵심통변 상담실례〉 편에서
여러 가지를 쓰고자 한다.

지금은 고인들이며 역학에 대가 분들이신 부산수영 박 도사,
대전의 박 도사, 사주첩경을 쓰신 이석영 선생님들께서 쓰신
사주통변 부분을 자세히 보게 되면 신살들을 적용하여
일부 통변한 것이 사실로 나타나게 된다.

필자 역시 용신을 찾아서 주야로 수억만 리를 헤매보기도 하였으며
사주통변을 찾아서 역시 주야로 수억만 리를 헤매어 보았다고 생각한다.

독학으로 지금까지 용신과 통변을 찾고 찾아보아도
손에 잡힐 것 같으면서 잡히지 않는 것이 용신과 통변인가 본다.

성패양단은 용신이요, 길흉화복은 통변에 있게 된다.

사주상담에 비중을 억지로 둔다면
용신 50%, 통변 50%로 두고 싶다.

예를 든 사주에 **12신살**을 포국하겠다.

72 62 52 42 32 22 12 2
甲 癸 壬 辛 庚 己 戊 丁
辰 卯 寅 丑 子 亥 戌 酉

시	연간, 월간	월
2 편인 丁 봉 무 **겁** 6 편재 辛 천 두 -26-71	7 정인 乙 임 호 　 1 정재 丙 유 상 -8-90	4 식신 壬 충 합 　 4 식신 癸 귀 겁 -15-78
3 정관 己 심 지 　 5 겁재 壬 화 개 -20-74 **연**	6 편재 **망** 2 편인 庚 -28-69	일간 　 9 상관 辛 보 음 **역** 9 상관 戊 복 경 -45-62
세 　 8 편관 戊 주 천 　 10 - 乙 생 사 -7-53	시간 　 5 겁재 癸 예 부 　 3 정관 丁 명 생 -11-83	연 　 10 비견 丙 영 사 　 8 편관 己 절 휴 -36-63 **겁, 화**

연지와 일지삼합 오행이 같으므로 연과 일을 구별하지 않아도 된다.

겁살은 건궁과 손궁 6홍국수에 붙게 된다.

연살은 진궁에 붙게 된다.

망신살은 중궁 2홍국수에 붙게 된다.

역마살은 태궁 9홍국수에 붙게 된다.

화개살은 건궁에 붙게 된다.

예2) 丁 辛 庚 辛   남
      酉 丑 子 巳   9/1변국, 음둔 윤 대설중원 7국

64 54 44 34 24 14 4
癸 甲 乙 丙 丁 戊 己
巳 午 未 申 酉 戌 亥

연, 연간, 일간	10 정인 己 심 호	7 편관 丁 봉 합
5 편인 戊 주 무 5 편인 辛 생 두 -29-65	10 정인 丙 절 상 -15-90 **연**	**겁** 3 편재 癸 명 겁 -20-78
6 상관 癸 예 지 4 겁재 壬 복 개 -24-71	월간 9 비견 1 식신 庚 -30-60	시 2 정관 乙 임 음 8 정재 戊 화 경 -45-48
세 1 식신 丙 영 천 **망** 9 - 乙 천 사 -9-46 **겁, 화**	월, 시간 8 정재 辛 보 부 2 정관 丁 귀 생 -17-86	3 편재 壬 충 사 7 편관 己 유 휴 -37-51

연지와 일지삼합 오행이 같으므로 연과 일을 구별하지 않아도 된다.

겁살은 간궁과 곤궁 3홍국수에 붙게 된다.

연살은 이궁에 붙게 된다.

망신살은 간궁 9홍국수에 붙게 된다.

역마살은 중궁 6은복 수에 붙게 된다.

화개살은 간궁에 붙게 된다.

예3) 丁 甲 甲 甲　　남
　　 卯 子 戌 午　　7/5변국, 음둔 입동상원 6국

61 51 41 31 21 11 1
辛 庚 己 戊 丁 丙 乙
巳 辰 卯 寅 丑 子 亥

3 식신 乙 주사 4 정인 庚 귀개 -10-81 **일화 겁**	연, 시간 　8 상관 戊 심부 **역**　9 편인 丁 복겸 -45-59	5 편관 癸 봉천 **망겁** 2 정재 壬 천상 -3-90
시, 연간 　4 정인 壬 예음 **역**　3 식신 辛 절두 -6-85 **연연**	월간 　7 편재 　5 편관 己 -15-78	10 정관 丙 임지 7 편재 乙 유휴 -28-70 **일연**
9 편인 丁 영합 8 상관 丙 명생 -36-68	세 　6 겁재 庚 보호 　1 － 癸 생사 -1-51	월, 일간 　1 비견 辛 충무 **겁망** 6 겁재 戊 화경 -21-71 **연겁화**

연지삼합과 일지삼합이 다르므로 연과 일을 각각 포국하겠다.

연지신살 ; 인 오 술

　　　겁살은 건궁과 건궁 6홍국수에 붙게 된다.

　　　연살은 진궁에 붙게 된다.

　　　망신살은 곤궁 2홍국수에 붙게 된다.

　　　역마살은 이궁 9홍국수에 붙게 된다.

　　　화개살은 건궁에 붙게 된다.

일지신살 ; 신 자 진

　　　겁살은 손궁과 곤궁 2홍국수에 붙게 된다.

　　　연살은 태궁에 붙게 된다.

　　　망신살은 건궁 6홍국수에 붙게 된다.

　　　역마살은 진궁 3홍국수에 붙게 된다.

　　　화개살은 손궁에 붙게 된다.

예4) 庚 丁 丙 壬　　여
**　　子 酉 午 寅　　5/3변국, 음둔 하지상원 9국**

57　47　37　27　17　7
庚　辛　壬　癸　甲　乙
子　丑　寅　卯　辰　巳

	월	월간
1 정재 戊 영 합 7 정인 癸 절 경 -33-68	6 편재 丙 예 음 **망** 2 편인 戊 생 두 -11-83 **연**	3 정관 庚 주 사 5 겁재 丙 화 개 -20-73
일간	연간	세, 시간
2 편인 癸 보 호 **겁역** 6 편재 丁 귀 휴 -26-70 연	5 겁재 **겁** 3 정관 壬 -36-67	8 편관 辛 심 부 10 - 庚 명 사 -8-53
연	시	
7 정인 丁 충 무 1 정재 己 유 겹 -9-90 **겁, 화**	4 식신 己 임 지 4 식신 乙 복 상 -15-77	9 상관 乙 봉 천 **역망** 9 상관 辛 천 생 -45-62 **겁, 화**

연지삼합과 일지삼합이 다르므로 연과 일을 각각 포국하겠다.

연지신살 ; 인 오 술

겁살은 건궁과 진궁 6홍국수에 붙게 된다.

연살은 진궁에 붙게 된다.

망신살은 이궁 2홍국수에 붙게 된다.

역마살은 건궁 9홍국수에 붙게 된다.

화개살은 건궁에 붙게 된다.

일지신살 ; 사 유 축

겁살은 간궁과 중궁 3홍국수에 붙게 된다.

연살은 이궁에 붙게 된다.

망신살은 건궁 9홍국수에 붙게 된다.

역마살은 진궁 6홍국수에 붙게 된다.

화개살은 간궁에 붙게 된다.

예5) 戊 庚 辛 丁　남
　　 寅 申 亥 巳　　6/3변국, 음둔 입동하원 3국

62 52 42 32 22 12 2
甲 乙 丙 丁 戊 己 庚
辰 巳 午 未 申 酉 戌

연	월간	세
2 정인癸 주 천 　7 편인乙 절 사 -18-87 **겁**	7 편인丁 심 지 **겁** 2 정인辛 생 경 -41-61 **연**	4 상관庚 봉 무 　5 - 己 화 휴 -5-49
시간	6 정재	9 식신壬 임 호
3 편관己 예 부 **역망** 6 정재戊 귀 생 -11-90	**겁역** 3 편관丙 -21-85	10 겁재癸 명 경 -38-78 **연**
시	일간	월, 연간
8 정관辛 영 사 　1 편재壬 유 개 -39-69 **겁, 화**	5 비견乙 보 음 　4 상관庚 복 두 -45-54	10 겁재戊 충 합 **망** 9 식신丁 천 상 -30-79

연지삼합과 일지삼합이 다르므로 연과 일을 각각 포국하겠다.

연지신살 ; 사 유 축

겁살은 간궁과 중궁 3홍국수에 붙게 된다.

연살은 이궁에 붙게 된다.

망신살은 건궁 9홍국수에 붙게 된다.

역마살은 진궁 6홍국수에 붙게 된다.

화개살은 간궁에 붙게 된다.

일지신살 ; 신 자 진

겁살은 손궁과 이궁 2홍국수에 붙게 된다.

연살은 태궁에 붙게 된다.

망신살은 진궁 6홍국수에 붙게 된다.

역마살은 중궁 3홍국수에 붙게 된다.

화개살은 손궁에 붙게 된다.

15. 12운성

기문에서 사용하는 12운성 역시 추명명리에서 사용하는 12운성과 동일하다.

장생, 목욕, 관대, 건록, 왕, 쇠, 병, 사, 묘, 절, 태, 양이다.

추명명리에서 일간을 기준하여 붙이게 되나

기문에서는 **세궁 홍국지반수**를 기준으로 붙이는 것이 추명명리와 다르다.

기문에서는 세궁 홍국지반수를 음양 구별하지 않고 전부 양으로 보게 된다.

12운성은 자평서에서 인 사 신 해 는 오양 장생지국이며

자 오 묘 유는 오음 장생지국이다.

자평서에서 유래하여 양간 갑 병 무 경 임은 인 사 신 해에서 장생을 시작하고

음간 을 정 기 신 계는 자 오 묘 유에서 장생을 시작한다.

양순 음역 법으로 명확하게 되어있지 않은 것 같다

추명명리에서 양 순만 사용하고

음역은 사용할 가치가 없다고 주장하고 있으나

본 필자는 음역을 전부 사용하고 있다.

기문국에서는 양 순으로만 포국하겠다.

음역 중에 록, 사, 묘, 절은 사용하여 보니 사용할 가치가 있다고 본다.

양과 음은 살아가는 과정과 환경 또한 다른 것이다.

여자와 남자가 살아가는 과정과 환경이 같아 보이는 것 같아도 다르지 않는가.

오행은 다 같으나 음양은 분명히 다르다는 것이다.

우리 역학은 음양오행 공부가 아니겠는가.

필자도 음양오행 공부가 부족한 것은 사실이나 옛 선배님들께서 머리 싸매고

이루어둔 것을 명확한 확정도 없이 하루아침에 폐기 처분하려는

그런 자세는 바람직하지 않다고 생각한다.

일부역인 중에 신살도 폐기 처분하여야 한다고 소리를 높이고 있는 것으로 보인다.

무명인사가 남긴 글은 업신여기고,

 유명인사가 남긴 글은 검증 없이 무조건 옳다고 믿는 것이 현실이다.

몇 년 전만하더라도 적천수가 인기를 얻고 있었다.

유행과 소리 소문은 참으로 무서운 것인가 싶다.

나 자신이 싫다고 다른 사람들도 그런 것은 아니다.

신살을 들먹거리면 초보자 취급하는 그런 현실이 안타까울 따름이다.

음양오행도 기초이며 육신, 격국, 용신 또한 기초에서 벗어날 수가 없다.

한 번은 몇 명이 사주를 풀이하게 되어 필자가 통변을 하게 되었다.

어떻게 그런 것이 나오게 되었느냐고 하는 것이 아닌가.

종합적으로 통변한 것을 말하더라도 뭐 별거 아닌 것으로 생각할 사람들이고

안면도 그렇게 많은 사람도 아니고 믿을 사람도 아니라고 여겨져서

입을 다물어 버린 적도 있었다.

'받아들일 자세가 되어 있지 않은 사람에게는 전달하려고 하지마라.'

그것을 지금은 깨닫게 되었다.

예를 든 사주에 **12운성**을 포국하여 보겠다.

예1) 丁 戊 丙 丙　　남
　　　巳 寅 申 戌　　6/2변국, 음둔 처서하원 7국

```
72 62 52 42 32 22 12  2
甲 癸 壬 辛 庚 己 戊 丁
辰 卯 寅 丑 子 亥 戌 酉
```


시	연간, 월간	월
2 편인 丁 봉 무 겁　6 편재 辛 천 두 -26-71　　　　**대록**	7 정인 乙 임 호 　　1 정재 丙 유 상 -8-90　　　　　**왕**	4 식신 壬 충 합 　　4 식신 癸 귀 겸 -15-78　　　**쇠병**
3 정관 己 심 지 　　5 겁재 壬 화 개 -20-74 연,　　**욕**	6 편재 망　2 편인 庚 -28-69	일간 　　9 상관 辛 보 음 역　9 상관 戊 복 경 -45-62　　　　**사**
세 　　8 편관 戊 주 천 10　- 乙 생 사 -7-53　　　**생양**	시간 　　5 겁재 癸 예 부 　　3 정관 丁 명 생 -11-83　　　　**태**	연 　　10 비견 丙 영 사 　　8 편관 己 절 휴 -36-63 겁, 화, **절묘**

세궁지반수가 간궁에 10토이므로 궁지지 인이 있는

간궁에서 장생을 시작하여 목욕은 진궁

관대와 건록은 손궁, 왕은 이궁, 쇠와 병은 곤궁

사는 태궁, 묘절은 건궁, 태는 감궁

양은 간궁으로 각각 포국된다.

예2) 丁 辛 庚 辛　　남
　　酉 丑 子 巳　　9/1변국, 음둔 윤 대설중원 7국

64 54 44 34 24 14 4
癸 甲 乙 丙 丁 戊 己
巳 午 未 申 酉 戌 亥

연, 연간, 일간 　5 편인 戊 주 무 　5 편인 辛 생 두 -29-65　　**양생**	10 정인 己 심 호 10 정인 丙 절 상 -15-90 연　　**욕**	7 편관 丁 봉 합 겁　3 편재 癸 명 겸 -20-78　　**대록**
6 상관 癸 예 지 　4 겁재 壬 복 개 -24-71　　**태**	월간 　9 비견 　1 식신 庚 -30-60	시 　2 정관 乙 임 음 　8 정재 戊 화 경 -45-48　　**왕**
세 　1 식신 丙 영 천 망　9 - 乙 천 사 -9-46 겁,화 **절묘**	월, 시간 　8 정재 辛 보 부 　2 정관 丁 귀 생 -17-86　　**사**	3 편재 壬 충 사 　7 편관 己 유 휴 -37-51　　**병쇠**

177

세궁지반수가 간궁에 9금이므로 궁지지 사가 있는

손궁에서 장생을 시작하여

목욕은 이궁, 관대와 건록은 곤궁

왕은 태궁, 쇠와 병은 건궁

사는 감궁, 묘절은 간궁

태는 진궁, 양은 손궁으로 각각 포국된다.

예3) 丁 甲 甲 甲　　남
　　　卯 子 戌 午　　7/5변국, 음둔 입동상원 6국

```
61 51 41 31 21 11 1
辛 庚 己 戊 丁 丙 乙
巳 辰 卯 寅 丑 子 亥
```

	연, 시간	
3 식신 乙 주 사 4 정인 庚 귀 개 -10-81 화, 겁 **묘절**	8 상관 戊 심 부 역　9 편인 丁 복 경 -45-59　　　　**태**	5 편관 癸 봉 천 망겁 2 정재 壬 천 상 -3-90　　　　**양생**
시, 연간	월간	
4 정인 壬 예 음 역　3 식신 辛 절 두 -6-85 연　　　**사**	7 편재 5 편관 己 -15-78	10 정관 丙 임 지 7 편재 乙 유 휴 -28-70 연　　**욕**
	세	월, 일간
9 편인 丁 영 합 8 상관 丙 명 생 -36-68　　　**병쇠**	6 겁재 庚 보 호 1 - 癸 생 사 -1-51　　　　**왕**	1 비견 辛 충 무 겁망 6 겁재 戊 화 경 -21-71 겁, 화 **록대**

세궁지반수가 감궁에 1수이므로 궁지지 신이 있는

곤궁에서 장생을 시작하여

목욕은 태궁, 관대와 건록은 건궁

왕은 감궁, 쇠와 병은 간궁

사는 진궁, 묘절은 손궁

태는 이궁, 양은 곤궁으로 각각 포국된다.

 庚 丁 丙 壬　　여
　　　子 酉 午 寅　　5/3변국, 음둔 하지상원 9국

57 47 37 27 17 7
庚 辛 壬 癸 甲 乙
子 丑 寅 卯 辰 巳

	월	월간
1 정재戊 영 합 7 정인癸 절 경 -33-68　　**대록**	6 편재丙 예 음 망　2 편인戊 생 두 -11-83 연　　**왕**	3 정관庚 주 사 5 겁재丙 화 개 -20-73　　**쇠병**
일간	연간	세, 시간
편인癸 보 호 겁역 6 편재丁 귀 휴 -26-70 연　　**욕**	5 겁재 겁　3 정관壬 -36-67	8 편관辛 심 부 10　-　庚 명 사 -8-53　　**사**
연	시	
7 정인丁 충 무 1 정재己 유 겁 -9-90 겁, 화　**생양**	4 식신己 임 지 4 식신乙 복 상 -15-77　　**태**	9 상관乙 봉 천 역망 9 상관辛 천 생 -45-62 겁, 화　**절묘**

세궁지반수가 태궁에 10토이므로 궁지지 인이 있는

간궁에서 장생을 시작하여

목욕은 진궁, 관대와 건록은 손궁

왕은 이궁, 쇠와 병은 곤궁

사는 태궁, 묘절은 건궁

태는 감궁, 양은 간궁으로 각각 포국된다.

예5) 戊 庚 辛 丁　　남
　　寅 申 亥 巳　　6/3변국, 음둔 입동하원 3국

62 52 42 32 22 12 2
甲 乙 丙 丁 戊 己 庚
辰 巳 午 未 申 酉 戌

연 　2 정인 癸 주 천 　7 편인 乙 절 사 -18-87 겁　**대록**	월간 　7 편인 丁 심 지 겁　2 정인 辛 생 경 -41-61 연　　**왕**	세 　4 상관 庚 봉 무 　5 - 己 화 휴 -5-49　　**쇠병**
시간 　3 편관 己 예 부 역망 6 정재 戊 귀 생 -11-90　　**욕**	 　6 정재 겁역 3 편관 丙 -21-85	9 식신 壬 임 호 10 겁재 癸 명 겸 -38-78 연　　**사**
시 　8 정관 辛 영 사 　1 편재 壬 유 개 -39-69 겁,화　**생양**	일간 　5 비견 乙 보 음 　4 상관 庚 복 두 -45-54　　**태**	월, 연간 　10 겁재 戊 충 합 망　9 식신 丁 천 상 -30-79　　**절묘**

세궁지반수가 곤궁에 5토이므로 궁지지 인이 있는

간궁에서 장생을 시작하여

목욕은 진궁, 관대와 건록은 손궁

왕은 이궁, 쇠와 병은 곤궁

사는 태궁, 묘절은 건궁

태는 감궁, 양은 간궁으로 각각 포국된다.

16. 공망

기문에 공망은 추명명리와 마찬가지로 일주와 연주를 기준하여 공망을 본다.

일주 공망을 위주로 하겠다.

공망은 구궁자체에 있는 지지의 궁에 포국하게 된다.

예를 들어

무인 일주나 연주라면 신유가 공망이 된다.

신유가 있는 궁인 곤궁이 공망이 된다.

신축 일주나 연주라면 진사가 공망이 된다.

진사가 있는 궁인 손궁이 공망이 된다.

병술 일주나 연주라면 오미가 공망이 된다.

오미가 있는 궁인 이궁과 곤궁이 공망이 된다.

1) 공망의 종류

(1) 총공(총공망);

중궁의 지반수가 본래 고유수인 궁이 공망이 된 것을 말한다.

예) 중궁지반수가 6인 경우 6의 고유수궁은 건궁이므로

건궁이공망이 되면 총공이라 한다.

기문국에 총공을 맞으면 작사무성 매사허망 입산수도 승도의

기운이 있다고 보게 된다.

특히 자기 자신인 세궁 총 공은 작용이 크다 하겠다.

(2) 거공(거공망);

홍국지반수가 본래 궁 지지와 동일하게 있으면서 본래 궁이

공망이 된 것을 말한다.

예) 홍국지반수가 6이면서 본래 궁 건궁에 포국되어 있고

건궁이 공망이 되면 거공이라 한다.

(3) 고허방;

공망의 위치를 고방 공망과 마주보고 있는 대충 방을 허방이라 한다.

공망과 마주보고 있는 고방의 방향은 피하여야 한다.

공망과 마주보고 있는 대충 방인 허방을 향하여 진격하게 되면

소수의 인원으로 많은 적을 물리칠 수가 있다고 한다.

(4) (절공)절로 공망;

갑 기 일 = 신 유 방

을 경 일 = 오 미 방

병 신 일 = 진 사 방

정 임 일 = 인 묘 방

무 계 일 = 자 축 방

절공 방향은 여행과 출행을 피하여야 할 방위이며

사고 좌절 구설이 있게 된다.

● **총공 예** / 중궁지반수가 6이면서 정묘 일주라면

5	10	3
4	6	8
9	2	공망 7

● **거공 예** / 중궁지반수가 5이면서 정묘 일주라면

4	9	2
3	5	7
8	1	공망 6

● **고허방 예** / 곤궁이 공망이 되었을 때

		공망 고방
허방		

● **절공 예**

갑 기 일

		절공
		절공

을 경 일

	절공	절공

병 신 일

절공		

정 임 일

절공		
절공		

무 계 일

절공	절공	

예를 든 사주에 **공망**을 포국하여 보겠다.


```
72 62 52 42 32 22 12  2
甲 癸 壬 辛 庚 己 戊 丁
辰 卯 寅 丑 子 亥 戌 酉
```

시	연간, **월간 연공**	월 **연공 일공**
2 편인 丁 봉 무 겁　6 편재 辛 천 두 -26-71　　대록	7 정인 乙 임 호 　　1 정재 丙 유 상 -8-90　　왕	4 식신 壬 충 합 　　4 식신 癸 귀 겁 -15-78　　쇠병
3 정관 己 심 지 　　5 겁재 壬 화 개 -20-74 연　　욕	6 편재 망　2 편인 庚 -28-69	**일간　일공** 　　9 상관 辛 보 음 역　9 상관 戊 복 경 -45-62　　사
세 　　8 편관 戊 주 천 　　10 - 乙 생 사 -7-53　　생양	시간 　　5 겁재 癸 예 부 　　3 정관 丁 명 생 -11-83　　태	연 　　10 비견 丙 영 사 　　8 편관 己 절 휴 -36-63 겁, 화 절묘

일주가 무인이므로 신유가 공망이 되어
곤궁과 태궁에 일주 공망이 된다.
연주가 병술이므로 오미가 공망이 되어
이궁과 곤궁에 연주 공망이 된다.

예2) 丁 辛 庚 辛　남
　　酉 丑 子 巳　　9/1변국, 음둔 윤 대설중원 7국

64 54 44 34 24 14 4
癸 甲 乙 丙 丁 戊 己
巳 午 未 申 酉 戌 亥

연, 연간, 일간 **일공**		**연공**
5 편인戊 주 무 5 편인辛 생 두 -29-65양생	10 정인己 심 호 10 정인丙 절 상 -15-90 연 욕	7 편관丁 봉 합 겁 3 편재癸 명 겸 -20-78 대록
6 상관癸 예 지 4 겁재壬 복 개 -24-71 태	월간 9 비견 1 식신庚 -30-60	시 **연공** 2 정관乙 임 음 8 정재戊 화 경 -45-48 왕
세 1 식신丙 영 천 망 9 - 乙 천 사 -9-46 겁,화 절묘	월, 시간 8 정재辛 보 부 2 정관丁 귀 생 -17-86 사	3 편재壬 충 사 7 편관己 유 휴 -37-51 병쇠

일주가 신축이므로 진사가 공망이 되어
손궁에 일주 공망이 된다.
연주가 신사이므로 신유가 공망이 되어
곤궁과 태궁에 연주 공망이 된다.

예3) 丁 甲 甲 甲　　남
　　 卯 子 戌 午　　7/5변국, 음둔 입동상원 6국

61 51 41 31 21 11 1
辛 庚 己 戊 丁 丙 乙
巳 辰 卯 寅 丑 子 亥

연공	연, 시간	
3 식신 乙 주 사	8 상관 戊 심 부	5 편관 癸 봉 천
4 정인 庚 귀 개	역　9 편인 丁 복 겸	망겁 2 정재 壬 천 상
−10−81 화, 겁 묘절	−45−59 　　　태	−3−90 　　　양생
시, 연간	월간	
4 정인 壬 예 음	7 편재	10 정관 丙 임 지
역　3 식신 辛 절 두	5 편관 己	7 편재 乙 유 휴
−6−85 연 　　사	−15−78	−28−70 연 　　욕
	세	월, 일간　일공
9 편인 丁 영 합	6 겁재 庚 보 호	1 비견 辛 충 무
8 상관 丙 명 생	1 − 癸 생 사	겁망 6 겁재 戊 화 경
−36−68 　　병쇠	−1−51 　　　왕	−21−71 겁, 화 록대

일주가 갑자이므로 술해가 공망이 되어
건궁에 일주 공망이 된다.
연주가 갑오이므로 진사가 공망이 되어
손궁에 연주 공망이 된다.

예4) 庚 丁 丙 壬　　여
　　 子 酉 午 寅　　5/3변국, 음둔 하지상원 9국

57 47 37 27 17 7
庚 辛 壬 癸 甲 乙
子 丑 寅 卯 辰 巳

일공 연공	월	월간
1 정재 戊 영 합	6 편재 丙 예 음	3 정관 庚 주 사
7 정인 癸 절 경	망　2 편인 戊 생 두	5 겁재 丙 화 개
-33-68　　대록	-11-83 연　　왕	-20-73　　쇠병
일간	연간	세, 시간
2 편인 癸 보 호	5 겁재	8 편관 辛 심 부
겁역 6 편재 丁 귀 휴	겁　3 정관 壬	10　- 庚 명 사
-26-70 연　　욕	-36-67	-8-53　　사
연	시	
7 정인 丁 충 무	4 식신 己 임 지	9 상관 乙 봉 천
1 정재 己 유 겁	4 식신 乙 복 상	역망 9 상관 辛 천 생
-9-90 겁, 화　생양	-15-77　　태	-45-62 겁, 화 절묘

일주가 정유이므로 진사가 공망이 되어
손궁에 일주 공망이 된다.
연주가 임인이므로 진사가 공망이 되어
손궁에 연주 공망이 된다.

예5) 戊 庚 辛 丁　　남
　　 寅 申 亥 巳　　6/3변국, 음둔 입동하원 3국

62 52 42 32 22 12 2
甲 乙 丙 丁 戊 己 庚
辰 巳 午 未 申 酉 戌

연	월간	세
2 정인癸 주 천 7 편인乙 절 사 -18-87 겁　대록	7 편인丁 심 지 겁　2 정인辛 생 경 -41-61 연　　왕	4 상관庚 봉 무 5 - 己 화 휴 -5-49　　쇠병
시간 3 편관己 예 부 역망 6 정재戊 귀 생 -11-90　　욕	6 정재 겁역 3 편관丙 -21-85	9 식신壬 임 호 10 겁재癸 명 겸 -38-78 연　사
시　**일공 연공** 8 정관辛 영 사 1 편재壬 유 개 -39-69 겁,화 생양	일간　**일공 연공** 5 비견乙 보 음 4 상관庚 복 두 -45-54　　태	월, 연간 10 겁재戊 충 합 망　9 식신丁 천 상 -30-79　　절묘

일주가 경신이므로 자축이 공망이 되어
감궁과 간궁에 일주 공망이 된다.
연주가 정사이므로 자축이 공망이 되어
감궁과 간궁에 연주 공망이 된다.

17. 홍국수 합, 충, 형, 파, 해

홍국수의 육합

홍국수	1	2	3	4	5	6	7	8	9	10
홍국수	10	9	6	5	4,8	3	10	5	2	1,7

홍국수의 삼합

9 1 5 = 신자진 수국

2 4 10 = 사유축 금국

3 7 5 = 인오술 화국

6 8 10 = 해묘미 목국

홍국수의 충

홍국수	1	2	3	4	5	6	7	8	9	10
홍국수	7	6	9	8	5	2	1	4	3	10

홍국수의 형

홍국수	1	2	3	4	5	6	7	8	9	10
홍국수	8	3,9	2,9	4	5,10	6	7	1	2,3	5,10

홍국수의 파

홍국수	1	2	3	4	5	6	7	8	9	10
홍국수	4	9	6	1	10	3	8	7	2	5

홍국수의 해

홍국수	1	2	3	4	5	6	7	8	9	10
홍국수	10	3	2	5	4,8	9	10	5	6	1,7

홍국수의 원진

홍국수	1	2	3	4	5	6	7	8	9	10
홍국수	10	5	4	3	2,6	5	10	9	8	1,7

홍국수의 귀문

홍국수	1	2	3	4	5	6	7	8	9	10
홍국수	4	5	10	1	2,6	5	10	9	8	3,7

홍국수의 삼형 살

3 2 9 = 인 사 신 삼형 살

10 5 10 = 축 술 미 삼형 살

5 7 9 삼살

홍국수의 579를 삼살이라 한다.

또한 병병 경경 병경 천 지반육의삼기를 삼살이라 한다.

79 천 지반홍국수를 삼살이라 한다.

579가 동처에 있을 때 579 삼살회동이라 한다.

추명명리에서 당해의 삼살방과는 개념이 다르다

일반적으로 삼살 방은 당해 삼합오행을 극하는 방위가 삼살 방이다.

5는 천강성 ; 도적 질병의 흉한 기운으로 본다. 5토 편관은 흉으로 보게 된다.

7은 형혹성 ; 구설 환란의 흉한 기운으로 본다. 7화 편관은 흉으로 보게 된다.

9는 태백 성; 살생 살기의 흉한 기운으로 본다.

　　9금과 동궁 한 육신을 잘 보아야 한다.

　　9금의 육신은 제 역할을 톡톡히 하게 된다는 것이다.

삼살의 종류

1) 직 삼살 ; 중궁지반수가 7인 경우 하나 밖에 없다.

1	6	**9**
10	**7**	4
5	8	3

2) 곡 삼살 ; 중궁지반수가 5와 9 경우 밖에 없다.

3	8	1
2	**9**	6
7	10	**5**

3) 불규칙 삼살 ; 동처에 천반수 지반수를 합쳐서 삼살을 이루는 것을 말한다.

1 1	6 6	3 **9**
2 10	**5** **7**	8 4
7 5	4 8	9 3

4) **불완전 삼살** ; 579삼살이 유년을 포함하여 삼살을 이룰 때

5) **은복 삼살** ; 579삼살 가운데 하나의 수가 중궁은복수를 포함하여
　　　　　　　삼살을 이룰 때

18. 홍국수의 신살

 # 천을 귀인 ;

지혜 총명 귀인의 도움이 있는 경향이 있게 된다.

사주의 일간을 기준하여 홍국지반수가 있는 궁에 붙이게 되나

연간을 기준하여 홍국지반수가 있는 궁에 붙이기도 한다.

양둔과 음둔을 구별하여 붙이게 된다.

양둔 절에는 양귀 음둔 절에는 음귀를 사용한다.

구궁 포국에는 천을 귀인을 약자로 귀로 표기한다.

일간	양귀	음귀
갑	10 (미)	10 (축)
을	9 (신)	1 (자)
병	4 (유)	6 (해)
정	6 (해)	4 (유)
무	10 (축)	10 (미)
기	1 (자)	9 (신)
경	10 (축)	10 (미)
신	3 (인)	7 (오)
임	8 (묘)	2 (사)
계	2 (사)	8 (묘) 이 각 귀인이 된다.

천을 귀인은 세궁에 있는 귀인과 중궁에 있는 귀인의 영향이 크며
동처에 있는 귀인은 해당 육신의 귀인으로 보게 된다.

건록 ; 사주일간을 기준하여 홍국지반수기 있는 궁에 붙이게 된다.

구궁 포국에는 건록을 약자로 록으로 표기하겠다.

일간 갑은 3 (인)

일간 을은 8 (묘)

일간 병은 2 (사)

일간 정은 7 (오)

일간 무는 2 (사)

일간 기는 7 (오)

일간 경은 9 (신)

일간 신은 4 (유)

일간 임은 6 (해)

일간 계는 1 (자) 이 각 건록이 된다.

천마 ; 사주 생월을 기준하여 홍국지반수가 있는 궁에 붙이게 된다.

구궁 포국에는 천마를 약자로 **마**로 표기하겠다.

5월과 11월은 홍국지반수 3이 천마이다.

6월과 12월은 홍국지반수 5가 천마이다.

1월과 7월은 홍국지반수 7이 천마이다.

2월과 8월은 홍국지반수 9가 천마이다.

3월과 9월은 홍국지반수 5가 천마이다.

4월과 10월은 홍국지반수 1이 천마이다.

예를 든 사주에 **천을, 귀인, 건록, 천마**를 포국하여 보겠다.

예1) 丁 戊 丙 丙　　남
　　　巳 寅 申 戌　　　6/2변국, 음둔 처서하원 7국

72 62 52 42 32 22 12 2
甲 癸 壬 辛 庚 己 戊 丁
辰 卯 寅 丑 子 亥 戌 酉

시	연간, 월간 연공	월　연공　일공
2 편인 丁 봉 무 겁　6 편재 辛 천 두 -26-71　　　대록	7 정인 乙 임 호 　　1 정재 丙 유 상 -8-90　　　　왕	4 식신 壬 충 합 　　4 식신 癸 귀 경 -15-78　　　쇠병
3 정관 己 심 지 　　　5 겁재 壬 화 개 -20-74 연　　욕	록 　　6 편재 망　2 편인 庚 -28-69	일간　일공 　　9 상관 辛 보 음 역　9 상관 戊 복 경 -45-62　　　사
세 　　8 편관 戊 주 천 　　10 - 乙 생 사 -7-53　　　생양	시간 　　5 겁재 癸 예 부 　　3 정관 丁 명 생 -11-83　　　태	연 　　10 비견 丙 영 사 　　8 편관 己 절 휴 -36-63 겁, 화 절묘

천을 귀인은 무토 일간 음둔이므로 음귀인 10(미)이 천을 귀인이 된다.
양년 생에는 10토인 미가 포국되지 않는다.
건록은 무토 일간 2(사)가 되어 중궁에 붙게 된다.

예2) 丁 辛 庚 辛　　남
　　 酉 丑 子 巳　　9/1변국, 음둔 윤 대설중원 7국

64 54 44 34 24 14 4
癸 甲 乙 丙 丁 戊 己
巳 午 未 申 酉 戌 亥

연, 연간, 일간　일공 　　5 편인 戊 주 무 　　5 편인 辛 생 두 -29-65　　　　양생	10 정인 己 심 호 　　10 정인 丙 절 상 -15-90　　연　　욕	연공　**마** 　　7 편관 丁 봉 합 겁　3 편재 癸 명 겁 -20-78　　　　대록
록 　　6 상관 癸 예 지 　　4 겁재 壬 복 개 -24-71　　　　태	월간 　　9 비견 　　1 식신 庚 -30-60	시　　　연공 　　2 정관 乙 임 음 　　8 정재 戊 화 경 -45-48　　　　왕
세 　　1 식신 丙 영 천 망　9 - 乙 천 사 -9-46 겁,화 절묘	월, 시간 　　8 정재 辛 보 부 　　2 정관 丁 귀 생 -17-86　　　　사	**귀** 　　3 편재 壬 충 사 　　7 편관 己 유 휴 -37-51　　　　병쇠

천을 귀인은 신금 일간 음둔이므로 음귀인 7(오)이 천을 귀인이 되어
건궁에 붙게 된다.
건록은 신금 일간 4(유)가 되어 진궁에 붙게 된다.
천마가 11월에는 3이 되므로 곤궁에 붙게 된다.

예3) 丁 甲 甲 甲　　남
　　　卯 子 戌 午　　7/5변국, 음둔 입동상원 6국

61 51 41 31 21 11 1
辛 庚 己 戊 丁 丙 乙
巳 辰 卯 寅 丑 子 亥

연공 3 식신 乙 주 사 4 정인 庚 귀 개 -10-81 화, 겁 묘절	연, 시간 8 상관 戊 심 부 역　9 편인 丁 복 겹 -45-59　　　　태	5 편관 癸 봉 천 망겁 2 정재 壬 천 상 -3-90　　　　양생
시, 연간　록 4 정인 壬 예 음 역　3 식신 辛 절 두 -6-85 연　　　사	월간　　마 7 편재 5 편관 己 -15-78	10 정관 丙 임 지 7 편재 乙 유 휴 -28-70 연　　　욕
9 편인 丁 영 합 8 상관 丙 명 생 -36-68　　　병쇠	세 6 겁재 庚 보 호 1 - 癸 생 사 -1-51　　　　왕	월, 일간　일공 1 비견 辛 충 무 겁망 6 겁재 戊 화 경 -21-71 겁, 화 록대

천을 귀인은 갑목 일간 음둔이므로 음귀인 10(축)이 천을 귀인이 된다.

10(축)은 중궁은복수로 있어서 은복귀인이 된다.

건록은 갑목 일간 3(인)이 되어 진궁에 붙게 된다.

천마가 9월에는 5가 되므로 중궁에 붙게 된다.

예4) 庚 丁 丙 壬　　여
　　　子 酉 午 寅　　5/3변국, 음둔 하지상원 9국

57 47 37 27 17 7
庚 辛 壬 癸 甲 乙
子 丑 寅 卯 辰 巳

일공 연공 **록**	월	월간
1 정재戊 영 합 7 정인癸 절 경 -33-68　　　　대록	6 편재丙 예 음 망　2 편인戊 생 두 -11-83　연　　　왕	3 정관庚 주 사 5 겁재丙 화 개 -20-73　　　　쇠병
일간	연간　**마**	세, 시간
2 편인癸 보 호 겁역 6 편재丁 귀 휴 -26-70 연　　　욕	5 겁재 겁　3 정관壬 -36-67	8 편관辛 심 부 10 － 庚 명 사 -8-53　　　　사
연	시　　귀	
7 정인丁 충 무 1 정재己 유 겹 -9-90 겁, 화　생양	4 식신己 임 지 4 식신乙 복 상 -15-77　　　　태	9 상관乙 봉 천 역망 9 상관辛 천 생 -45-62 겁, 화 절묘

천을 귀인은 정화 일간 음둔이므로 음귀인 4(유)에 천을 귀인이 된다.

감궁에 붙게 된다.

건록은 정화 일간 7(오)이 되어 손궁에 붙게 된다.

천마가 5월에는 3이 되므로 중궁에 붙게 된다.

 戊 庚 辛 丁　　남

寅 申 亥 巳　　6/3변국, 음둔 입동하원 3국

62 52 42 32 22 12 2

甲 乙 丙 丁 戊 己 庚

辰 巳 午 未 申 酉 戌

연	월간	세
2 정인 癸 주 천 7 편인 乙 절 사 -18-87 겁　　대록	7 편인 丁 심 지 겁　2 정인 辛 생 경 -41-61 연　　왕	4 상관 庚 봉 무 5 - 己 화 휴 -5-49　　쇠병
시간		귀
3 편관 己 예 부 역망 6 정재 戊 귀 생 -11-90　　욕	6 정재 겁역 3 편관 丙 -21-85	9 식신 壬 임 호 10 겁재 癸 명 겹 -38-78 연　　사
시　일공 연공 **마**	일간　일공 연공	월, 연간　**록**
8 정관 辛 영 사 1 편재 壬 유 개 -39-69 겁, 화 생양	5 비견 乙 보 음 4 상관 庚 복 두 -45-54　　태	10 겁재 戊 충 합 망　9 식신 丁 천 상 -30-79　　절묘

천을 귀인은 경금 일간 음둔이므로 음귀인 10(미)에 천을 귀인이 되어

태궁에 붙게 된다.

건록은 경금 일간 9(신)이 되어 건궁에 붙게 된다.

천마가 10월에는 1이 되므로 간궁에 붙게 된다.

19. 상중하원 육십갑자 구궁도

양둔 상원 육십갑자 구궁도 (1864년에서 1923년까지)

丁丙乙甲癸壬辛 卯子酉午卯子酉	壬辛庚己戊丁 申巳寅亥申巳	乙甲癸壬辛庚己 丑戌未辰丑戌未
丙乙甲癸壬辛庚 寅亥申巳寅亥申	戊丁丙乙甲癸壬 辰丑戌未辰丑戌	庚己戊丁丙乙 午卯子酉午卯
辛庚己戊丁丙 未辰丑戌未辰	甲癸壬辛庚己戊 子酉午卯子酉午	己戊丁丙乙甲癸 巳寅亥申巳寅亥

양둔 중원 육십갑자 구궁도 (1924년에서 1983년까지)

庚己戊丁丙乙 午卯子酉午卯	丙乙甲癸壬辛庚 寅亥申巳寅亥申	戊丁丙乙甲癸壬 辰丑戌未辰丑戌
己戊丁丙乙甲癸 巳寅亥申巳寅亥	辛庚己戊丁丙 未辰丑戌未辰	甲癸壬辛庚己戊 子酉午卯子酉午
乙甲癸壬辛庚己 丑戌未辰丑戌未	丁丙乙甲癸壬辛 卯子酉午卯子酉	壬辛庚己戊丁 申巳寅亥申巳

양둔 하원 육십갑자 구궁도 (1984년에서 2043년까지)

甲癸壬辛庚己戊 子酉午卯子酉午	己戊丁丙乙甲癸 巳寅亥申巳寅亥	辛庚己戊丁丙 未辰丑戌未辰
壬辛庚己戊丁 申巳寅亥申巳	乙甲癸壬辛庚己 丑戌未辰丑戌未	丁丙乙甲癸壬辛 卯子酉午卯子酉
戊丁丙乙甲癸壬 辰丑戌未辰丑戌	庚己戊丁丙乙 午卯子酉午卯	丙乙甲癸壬辛庚 寅亥申巳寅亥申

음둔 상원 육십갑자 구궁도 (1864년에서 1923년까지)

己戊丁丙乙甲癸 巳寅亥申巳寅亥	甲癸壬辛庚己戊 子酉午卯子酉午	辛庚己戊丁丙 未辰丑戌未辰
庚己戊丁丙乙 午卯子酉午卯	戊丁丙乙甲癸壬 辰丑戌未辰丑戌	丙乙甲癸壬辛庚 寅亥申巳寅亥申
乙甲癸壬辛庚己 丑戌未辰丑戌未	壬辛庚己戊丁 申巳寅亥申巳	丁丙乙甲癸壬辛 卯子酉午卯子酉

음둔 중원 육십갑자 구궁도 (1924년에서 1983년까지)

壬辛庚己戊丁 申巳寅亥申巳	丁丙乙甲癸壬辛 卯子酉午卯子酉	乙甲癸壬辛庚己 丑戌未辰丑戌未
甲癸壬辛庚己戊 子酉午卯子酉午	辛庚己戊丁丙 未辰丑戌未辰	己戊丁丙乙甲癸 巳寅亥申巳寅亥
戊丁丙乙甲癸壬 辰丑戌未辰丑戌	丙乙甲癸壬辛庚 寅亥申巳寅亥申	庚己戊丁丙乙 午卯子酉午卯

음둔 하원 육십갑자 구궁도 (1984년에서 2043년까지)

丙乙甲癸壬辛庚 寅亥申巳寅亥申	庚己戊丁丙乙 午卯子酉午卯	戊丁丙乙甲癸壬 辰丑戌未辰丑戌
丁丙乙甲癸壬辛 卯子酉午卯子酉	乙甲癸壬辛庚己 丑戌未辰丑戌未	壬辛庚己戊丁 申巳寅亥申巳
辛庚己戊丁丙 未辰丑戌未辰	己戊丁丙乙甲癸 巳寅亥申巳寅亥	甲癸壬辛庚己戊 子酉午卯子酉午

20. 백호대살에 대하여

추명명리에서 지금까지 사용하고 있는 백호대살은
갑진, 무진, 병술, 임술, 을미, 정축, 계축 7개의 간지를 사용하고 있다.
일부역학인 중에 12신살이나 살들은 가치가 없다고 하여
폐기처분하여야 한다고 소리를 높이고 있는 안타까운 현실이다.
확실한 검증이나 임상을 바르게 하고 하는 것인지 알 수가 없는 것이다.
신살들도 음양오행 법에 기준하여 만들어진 것이라 믿는다.
음양오행이나 살들도 똑 같이 하나의 존재가치가 있는 것이다.
필요성을 느끼지 못하는 사람은 상담과정에서 사용하지 말아야 할 것인데
현실은 그렇지 않더라는 것이다.
남의 사주팔자 감정 내지 상담하는데
어느 몇몇 가지로 간단하게 되는 것이 아니다.
지구상에 종교도 다 종교이며
사람 또한 다 인종으로 되어 있으며
사주팔자 추명 또한 여러 학문으로 추명명리 기문둔갑 태을수 육임
자미두수 하락이수 월영도 주역 육효 등 여러 가지가 있다.
내가 알고 있는 것이 최고다 하는 식은 아직 깨닫지 못하고
부족한 것이 많은 것으로 생각이 들게 한다.
세상은 복잡다단한 가운데 얽히고 얽히어 돌아가는 것이다.
마음을 비우면 들어오는 것이 많게 되는 법이다.
아집과 고집 자만심으로 꽉차있는 것을 버려야 들어오는 것이 많게 된다.
필자는 아직 아무 것도 이루지도 깨닫지도 못하고
오늘도 내일도 찾아서 헤매고 있을 따름이다.
지금 이글을 쓰고 있지만 먼저 조금 알고 있는 것을 전달할 뿐이다.
추명명리서적인 〈핵심통변〉 다음으로 〈핵심통변 상담실례〉 편에서는 상세하게
서술할까 생각하면서 지금은 〈기문둔갑〉 편이므로 백호대살만 적도록 하겠다.

앞 도표에서 본 것과 같이

양둔 상원 육십갑자와 음둔 상원 육십갑자 중궁의 간지는 동일하다.
즉 **상원 육십갑자**는
<u>갑진 무진 병술 임술 을미 정축 계축</u> 7개를 사용하여야 한다고 본다.
그래서 상원 기간인 1864부터 1923년까지의 출생자는 상원 육십갑자를
적용하여야 한다.

양둔 중원 육십갑자와 음둔 중원 육십갑자 중궁의 간지는 동일하다.
즉 **중원 육십갑자**는
<u>병진 경진 무술 정미 신미 기축</u> 6개를 사용하여야 한다고 본다.
그래서 중원 기간인 1924부터 1983년까지의 출생자는 중원 육십갑자를
적용하여야 한다.

양둔 하원 육십갑자와 음둔 하원 육십갑자 중궁의 간지는 동일하다.
즉 **하원 육십갑자**는
<u>임진 갑술 경술 기미 계미 을축 신축</u> 7개를 사용하여야 한다고 본다.
그래서 중원 기간인 1984부터 2043년까지의 출생자는 하원 육십갑자를
적용하여야 한다.
연도시기에 따라서 상원 중원 하원을 구분하여 적용하여야 할 것으로 생각한다.

지금까지 포국 공부한 것을 핵심적인 요점 정리하여 보게 되면

1) 사주를 세운다.
2) 홍국수를 산출한다.
   천반수와 지반수를 각각 산출하여 중궁에 입중 포국한다.
   지반수는 구궁 순행하고 천반수는 구궁 역행 포국한다.
3) 동처를 표기한다.
   연 월 세 시 궁을 표기한다.
4) 육의삼기를 포국한다.
   음둔 양둔을 구분하여 지반육의삼기와 천반육의삼기를 포국한다.
5) 사간을 표기한다.
   연간 월간 일간 시간을 표기한다.
6) 유년을 계거 한다.
   세궁에서 지반수는 구궁 순행으로 계산하여 나가고
   세궁에서 천반수는 구궁 역행으로 계산하여 나간다.
7) 8괘를 포국한다.
   중궁지반수를 기준하여 괘의 변화에 따라 구궁에 포국한다.
8) 8문을 포국한다.
   음둔 양둔을 구분 일주자원에 따라 일정한 순서대로 구궁 포국한다.
9) 9성을 포국한다.
10) 8장을 포국한다.
11) 12운성 12신살 천을 귀인 건록 천마 공망 등을 포국한다.

지금까지 기문둔갑의 5변국 중 평생국 핵심적인 것을 포국하였다.
기문국 포국은 많은 노력과 인내가 요구되는 것이 사실이나
습득이 되면 시간이 많이 단축되는 것이다.
기문둔갑 5변국은 평생국 연국 월국 일국 시국을 기문 5변국이라 한다.

21. 연국

기문 5변국 중 하나이다.

연국은 해당해의 연운을 보기 위한 것으로 연국에서 각 월도 볼 수가 있다.

추명명리에서 해당해의 연운을 보는 것과 동일하다 하겠다.

평생국에서 소운과 행년으로 보게도 되나 연 국이 조금 상세하다 하겠다.

아래 기문포국은 1946년 8월 6일 사시생 평생국임

예1)　丁　戊　丙　丙　　남
　　　　巳　寅　申　戌　　6/2변국, 음둔 처서하원 7국

72　62　52　42　32　22　12　2
甲　癸　壬　辛　庚　己　戊　丁
辰　卯　寅　丑　子　亥　戌　酉

시	연간, 월간 연공	월 연공 일공
2 편인 丁 봉 무 겁　6 편재 辛 천 두 -26-71　　　대록	7 정인 乙 임 호 　　1 정재 丙 유 상 -8-90　　　왕	4 식신 壬 충 합 　　4 식신 癸 귀 겁 -15-78　　　쇠병
3 정관 己 심 지 　　5 겁재 壬 화 개 -20-74 연　　욕	록 　　6 편재 망　2 편인 庚 -28-69	일간　일공 　　9 상관 辛 보 음 역　9 상관 戊 복 경 -45-62　　　사
세 　　8 편관 戊 주 천 　　10 - 乙 생 사 -7-53　　　생양	시간 　　5 겁재 癸 예 부 　　3 정관 丁 명 생 -11-83　　　태	연 　　10 비견 丙 영 사 　　8 편관 己 절 휴 -36-63 겁, 화 절묘

상기 예1 사주에 **연국**을 포국하여 보겠다.

1946년 8월 6일 사시생을 2002년 연국을 포국하려면

2002년 8월 6일 사시생으로 사주를 세워 연국을 포국하면 다음과 같다.

丁 癸 己 壬　　남
巳 未 酉 午　　2/4변국, 음둔 백로 상원 9국

<table>
<tr><td>

시 일간 귀
　　　8 戊 영 천
　　　8 癸 귀 생
3월4월　묘절

</td><td>

연
　　　3 丙 예 지
일망　3 戊 복 휴
5월　　　　　태

</td><td>

세 일연공
　　　　10 庚 주 무
연겁　6 丙 천 경
6월7월 일화겁 양생

</td></tr>
<tr><td>

시간
　　　9 癸 보 부
　　　7 丁 절 사
2월　연연　사

</td><td>

연간
　　　2
　　　4 壬

</td><td>

월　일연공 록
　　　5 辛 심 호
　　　1 庚 유 상
8월　　　　욕

</td></tr>
<tr><td>

월간
　　　4 丁 충 사
일역연망2 己 명 두
1월12월　　병쇠

</td><td>

1 己 임 음
5 乙 생 개
11월　연　왕

</td><td>

6 乙 봉 합
10 辛 화 겸
10월9월 연겁화 록대

</td></tr>
</table>

지반홍국수는 4이므로 4를 입중 포국하여 구궁 고유수 가는 방향으로 구궁 순행 포국한다.

천반홍국수는 2이므로 2를 입중 포국하여 구궁 고유수 역순 방향으로 구궁 역행 포국한다.

8괘는 중궁지반수가 4가 되므로 손풍 괘를 시작하여 변화하면서 구궁 포국한다.

8문은 병자원으로 손궁에서 생문을 시작하여 음둔으로 일정한 순서로
구궁 포국한다.

9성은 감궁 지반육의삼기 을이 건궁으로 이동하여 천봉이 건궁에 포국된다.

8장은 시간 정 육의삼기가 있는 궁은 진궁이므로 진궁에서 직부로 시작하여

음둔이므로 구궁외각 시계반대 방향으로 포국된다.

1월은 인목이 있는 간궁에1월이 되며 2월은 묘가 있는 진궁으로

각 구궁지지 따라 월이 포국된다.

12운성은 세궁 지반수가 6수이므로 곤궁 지지 신에서 장생을 시작하여 포국된다.

12신살은 일지의 겁살은 신과 곤궁이며, 연지의 겁살은 해와 건궁이다.

기타는 포국을 참조하게 되면 알 수 있을 것으로 생각한다.

아래 기문포국은 1941년 11월 2일 유시생 평생국임

예2) 丁 辛 庚 辛　　남
　　　酉 丑 子 巳　　9/1변국, 음둔 윤 대설중원 7국


```
64 54 44 34 24 14 4
癸 甲 乙 丙 丁 戊 己
巳 午 未 申 酉 戌 亥
```

연, 연간, 일간 일공	연공 마	
5 편인戊 주 무 5 편인辛 생 두 -29-65　　양생	10 정인己 심 호 10 정인丙 절 상 -15-90 연　욕	7 편관丁 봉 합 겁　3 편재癸 명 겁 -20-78　　대록
록	월간	시　　연공
6 상관癸 예 지 4 겁재壬 복 개 -24-71　　태	9 비견 1 식신庚 -30-60	2 정관乙 임 음 8 정재戊 화 경 -45-48　　왕
세	월, 시간	귀
1 식신丙 영 천 망 9 - 乙 천 사 -9-46 겁, 화 절묘	8 정재辛 보 부 2 정관丁 귀 생 -17-86　　사	3 편재壬 충 사 7 편관己 유 휴 -37-51　　병쇠

상기 예2 사주에 **연국**을 포국하여 보겠다.

1941년 11월 2일 유시생을 2007년 연국을 포국하려면

2007년 11월 2일 유시생으로 사주를 세워 연국을 포국하면 다음과 같다.

癸 己 壬 丁　　남
酉 卯 子 亥　　7/5변국, 음둔 대설 상원 4국

마	월간　연공	일공연공
8庚 예 지	3丁 주 무	10丙 심 호
망　3戊 복 상	8壬 귀 생	1庚 유 사
3월4월　　대록	5월　　왕	6월7월 화겁　쇠병
세　일간	귀	시　연간 일공
9壬 영 천	2	5辛 봉 합
역　2己 생 겁	겁　9乙	6丁 천 두
2월　　욕		8월　　사
시간　록	월	연
4戊 보 부	6己 충 사	6癸 임 음
7癸 화 경	10辛 절 휴	5丙 명 개
1월12월　　생양	11월　연　태	10월9월　　절묘

지반홍국수는 9이므로 9를 입중 포국하여 구궁 고유수가는 방향으로 구궁 순행 포국한다.

천반홍국수는 2이므로 2를 입중 포국하여 구궁 고유 수 역순방향으로 구궁 역행 포국한다.

8괘는 중궁지반수가 9가 되므로 이화 괘를 시작하여 변화하면서 구궁 포국한다.

8문은 병자원으로 이궁에서 생문을 시작하여 음둔으로 일정한 순서로 구궁 포국한다.

9성은 감궁 지반육의삼기 신이 태궁으로 이동하여 천봉이 태궁에 포국된다.

8장은 시간 계 지반육의삼기가 있는 궁은 간궁이므로 간궁에서

직부로 시작하여 음둔이므로 구궁외각 시계반대 방향으로 포국된다.

1월은 인목이 있는 간궁에 1월이 되며 2월은 묘가 있는 진궁으로

각 구궁지지 따라 월이 포국된다.

12운성은 세궁 지반수가 2화이므로 간궁 지지 인에서 장생을 시작하여 포국된다.

12신살은 일지 연지의 겁살은 신이다.

기타는 포국을 참조하게 되면 알 수 있을 것으로 생각한다.

아래 기문포국은 1954년 10월 9일 묘시생 평생국임

예3) 丁 甲 甲 甲　　남
**　　卯 子 戌 午　　7/5변국, 음둔 입동상원 6국**


```
61 51 41 31 21 11  1
辛 庚 己 戊 丁 丙 乙
巳 辰 卯 寅 丑 子 亥
```

연공 3 식신 乙 주 사 4 정인 庚 귀 개 -10-81 화, 겁 묘절	연, 시간 8 상관 戊 심 부 역　9 편인 丁 복 겸 -45-59　　　태	5 편관 癸 봉 천 망겁 2 정재 壬 천 상 -3-90　　　양생
시, 연간　록 4 정인 壬 예 음 역　3 식신 辛 절 두 -6-85 연　　사	월간　　마 7 편재 5 편관 己 -15-78	10 정관 丙 임 지 7 편재 乙 유 휴 -28-70 연　　욕
9 편인 丁 영 합 8 상관 丙 명 생 -36-68　　병쇠	세 6 겁재 庚 보 호 1 － 癸 생 사 -1-51　　　왕	월, 일간　일공 1 비견 辛 충 무 겁망 6 겁재 戊 화 경 -21-71 겁, 화 록대

상기 예3 사주에 **연국**을 포국하여 보겠다.

1954년 10월 9일 묘시생을 1999년 연국을 포국하려면

1999년 10월 9일 묘시생으로 사주를 세워 연국을 포국하면 다음과 같다.

癸 壬 乙 己　　남
卯 申 亥 卯　　9/2변국, 음둔 입동 중원 9국

시간　　　록	마	세　　　연공
5 辛 심 부 6 癸 천 사 3월4월 일화겁　양생	10 乙 봉 천 1 戊 유 경 5월　　　　욕	7 己 임 지 4 丙 귀 휴 6월7월연화겁대록
연시　　　귀 6 庚 주 사 5 丁 화 생 2월　　　　태	일간 9 일겁연역 2 壬	연공 2 丁 충 무 연겁　9 庚 복 경 8월　일연　왕
연간 1 丙 예 음 10 己 생 개 1월12월　　절묘	월간 8 戊 영 합 연망　3 乙 명 두 11월　연연　사	월　　　일공 3 癸 보 호 8 辛 절 상 10월9월　　병쇠

지반홍국수는 2이므로 2를 입중 포국하여 구궁 고유수 가는 방향으로 구궁 순행 포국한다.

천반홍국수는 9이므로 9를 입중 포국하여 구궁 고유수 역순 방향으로 구궁 역행 포국한다.

8괘는 중궁지반수가 2가 되므로 곤지 괘를 시작하여 변화하면서 구궁 포국한다.

8문은 갑자원으로 진궁에서 생문을 시작하여 음둔으로 일정한 순서로 구궁 포국한다.

9성은 감궁 지반육의삼기 을이 이궁으로 이동하여 천봉이 이궁에 포국된다.

8장은 시간 계 지반육의삼기가 있는 궁은 손궁이므로 손궁에서

직부로 시작하여 음둔이므로 구궁외각 시계반대 방향으로 포국된다.

1월은 인목이 있는 간궁에 1월이 되며 2월은 묘가 있는 진궁으로

각 구궁지지 따라 월이 포국된다.

12운성은 세궁 지반수가 4금이므로 손궁 지지 사에서 장생을 시작하여 포국된다.

12신살은 일지의 겁살은 2와 손궁이며, 연지의 겁살은 신과 곤궁이다.

기타는 포국을 참조하게 되면 알 수 있을 것으로 생각한다.

아래 기문포국은 1962년 5월 27일 자시생 평생국임

예4) 庚 丁 丙 壬　　여
　　 子 酉 午 寅　　5/3변국, 음둔 하지상원 9국

57 47 37 27 17 7

庚 辛 壬 癸 甲 乙

子 丑 寅 卯 辰 巳

일공 연공 록	월	월간
1 정재 戊 영 합	6 편재 丙 예 음	3 정관 庚 주 사
7 정인 癸 절 경	망　2 편인 戊 생 두	5 겁재 丙 화 개
-33-68　　대록	-11-83　연　　왕	-20-73　　쇠병
일간	연간　　마	세, 시간
2 편인 癸 보 호	5 겁재	8 편관 辛 심 부
겁역 6 편재 丁 귀 휴	겁　3 정관 壬	10 － 庚 명 사
-26-70 연　　욕	-36-67	-8-53　　사
연	시　　귀	
7 정인 丁 충 무	4 식신 己 임 지	9 상관 乙 봉 천
1 정재 己 유 겹	4 식신 乙 복 상	역망 9 상관 辛 천 생
-9-90 겁, 화　생양	-15-77　　태	-45-62 겁, 화 절묘

상기 예4 사주에 **연국**을 포국하여 보겠다.

1962년 5월 27일 자시생을 2006년 연국을 포국하려면

2006년 5월27 일 자시생으로 사주를 세워 연국을 포국하면 다음과 같다.

庚 壬 甲 丙　　여
子 午 午 戌　　2/8변국, 음둔 하지 상원 9국

귀	세 월	연간
8戊 영 합 망　2癸 명 생 3월4월　　대록	3丙 예 음 7戊 화 휴 5월　　　왕	10庚 주 사 10丙 생 경 6월7월　　쇠병
9癸 보 호 1丁 유 사 2월　연　욕	일간 2 8壬	시간 5辛 심 부 5庚 절 상 8월　　　사
록 4丁 충 무 겁　6己 귀 두 1월12월　생양	시 1己 임 지 역　9乙 천 개 11월　　　태	연　월간 6乙 봉 천 4辛 복 겸 10월9월 겁화 절묘

지반홍국수는 8이므로 8을 입중 포국하여 구궁 고유수 가는 방향으로 구궁 순행
포국한다.

천반홍국수는 2이므로 2를 입중 포국하여 구궁 고유수 역순 방향으로 구궁 역행
포국한다.

8괘는 중궁지반수가 8이 되므로 간산 괘를 시작하여 변화하면서 구궁 포국한다.

8문은 병자원으로 손궁에서 생문을 시작하여 음둔으로 일정한 순서로

구궁 포국한다.

9성은 감궁 지반육의삼기 을이 건궁으로 이동하여 천봉이 건궁에 포국된다.

8장은 시간 경 지반육의삼기가 있는 궁은 태궁이므로 태궁에서

직부로 시작하여 음둔이므로 구궁외각 시계반대 방향으로 포국된다.

1월은 인목이 있는 간궁에 1월이 되며 2월은 묘가 있는 진궁으로

각 구궁지지 따라 월이 포국된다.

12운성은 세궁 지반수가 7화이므로 간궁 지지 인에서 장생을 시작하여 포국된다.

12신살은 연지 일지의 겁살은 6과 건궁이다.

기타는 포국을 참조하게 되면 알 수 있을 것으로 생각한다.

아래 기문포국은 1917년 9월 30일 인시생 평생국임

예5) 戊 庚 辛 丁　　남
　　 寅 申 亥 巳　　6/3변국, 음둔 입동하원 3국

62 52 42 32 22 12 2
甲 乙 丙 丁 戊 己 庚
辰 巳 午 未 申 酉 戌

연	월간	세
2 정인 癸 주 천	7 편인 丁 심 지	4 상관 庚 봉 무
7 편인 乙 절 사	겁　2 정인 辛 생 경	5 - 己 화 휴
-18-87 겁　　대록	-41-61 연　　왕	-5-49　　쇠병
시간		귀
3 편관 己 예 부	6 정재	9 식신 壬 임 호
역망 6 정재 戊 귀 생	겁역 3 편관 丙	10 겁재 癸 명 겁
-11-90　　욕	-21-85	-38-78 연　　사
시　일공 연공 마	일간　일공 연공	월, 연간　　록
8 정관 辛 영 사	5 비견 乙 보 음	10 겁재 戊 충 합
1 편재 壬 유 개	4 상관 庚 복 두	망　9 식신 丁 천 상
-39-69 겁, 화 생양	-45-54　　태	-30-79　　절묘

상기 예5 사주에 **연국**을 포국하여 보겠다.

1917년 9월 30일 인시생을 1979년 연국을 포국하려면

1979년 9월 30일 인시생으로 사주를 세워 연국을 포국하면 다음과 같다.

戊 庚 乙 己　 남
寅 寅 亥 未　 2/8변국, 음둔 입동 하원 3국

월간	일공	연 연간 일공 귀
8癸 주 천	3丁 심 지	10庚 봉 무
일망연역 2乙 명 개	7辛 화 겸	10己 생 상
3월4월묘절	5월　　　　　태	6월7월 연화겹 양생
시간　　마		
9己 예 부	2	5壬 임 호
1戊 유 두	8丙	5癸 절 휴
2월　　일연 사		8월　　　　　욕
세 시　 연공	일간　 연공 록	월
4辛 영 사	1乙 보 음	6戊 충 합
일겹　 6壬 귀 생	일역연겹 9庚 천 사	4丁 복 경
1월 12월　　병쇠	11월　 연연　 왕	10월9월 일겹화 록대

지반홍국수는 8이므로 8을 입중 포국하여 구궁 고유수 가는 방향으로 구궁 순행
포국한다.

천반홍국수는 2이므로 2를 입중 포국하여 구궁 고유수 역순 방향으로 구궁 역행
포국한다.

8괘는 중궁지반수가 8이 되므로 간산괘를 시작하여 변화하면서 구궁 포국한다.

8문은 무자원으로 간궁에서 생문을 시작하여 음둔으로 일정한 순서로
구궁 포국한다.

9성은 감궁 지반육의삼기 경이 곤궁으로 이동하여 천봉이 곤궁에 포국된다.

8장은 시간 무 지반육의삼기가 있는 궁은 진궁이므로 진궁에서

직부로 시작하여 음둔이므로 구궁외각 시계반대 방향으로 포국된다.

1월은 인목이 있는 간궁에 1월이 되며 2월은 묘가 있는 진궁으로

각 구궁지지 따라 월이 포국된다.

12운성은 세궁 지반수가 6수이므로 곤궁 지지 신에서 장생을 시작하여 포국된다.

12신살은 일지의 겁살은 6과 건궁이며 연지의 겁살은 9와 곤궁이다.

기타는 포국을 참조하게 되면 알 수 있을 것으로 생각한다.

22. 월국

기문 5변국 중 하나이다.

월국은 해당해의 월운을 보기 위한 것으로 월국에서 각 일도 볼 수가 있다.

연국을 포국하여 각 월을 볼 수는 있으나 해당 월을 상세하게 볼 수 있으며

각 일진도 함께 볼 수 있다는 장점이 있다.

월국에서 일을 매기는 방법은 해당월 초1일의 지지가 구궁 고유지지가 있는

곳에서 1일을 시작하여 구궁외각 시계 방향으로 돌아가면서 매겨 나간다.

아래 기문포국은 **1946년 8월 6일 사시생** 평생국임

예1) 丁 戊 丙 丙 남
　　　巳 寅 申 戌　　6/2변국, 음둔 처서하원 7국

72 62 52 42 32 22 12 2
甲 癸 壬 辛 庚 己 戊 丁
辰 卯 寅 丑 子 亥 戌 酉

시	연간, 월간 연공	월 연공 일공
2 편인 丁 봉 무 겁　6 편재 辛 천 두 -26-71　　　　대록	7 정인 乙 임 호 1 정재 丙 유 상 -8-90　　　　왕	4 식신 壬 충 합 4 식신 癸 귀 겁 -15-78　　　　쇠병
3 정관 己 심 지 5 겁재 壬 화 개 -20-74 연　　욕	록 6 편재 망　2 편인 庚 -28-69	일간　　일공 9 상관 辛 보 음 역　9 상관 戊 복 경 -45-62　　　　사
세 8 편관 戊 주 천 10 - 乙 생 사 -7-53　　　　생양	시간 5 겁재 癸 예 부 3 정관 丁 명 생 -11-83　　　　태	연 10 비견 丙 영 사 8 편관 己 절 휴 -36-63 겁, 화 절묘

상기 예1 사주에 10월 **월국**을 포국하여 보겠다.

1946년 8월 6일 사시생을 2002년 10월 월국을 포국하려면

2002년 10월 6일 사시생으로 사주를 세워 월국을 포국하면 다음과 같다.

乙 壬 辛 壬　　남

巳 午 亥 午　　1/5변국, 음둔 입동상원 6국

시	세 연	연간 일간 일연공 귀
7辛 충 합	2庚 보 음	9丁 영 사
4庚 귀 생	역　9丁 복 휴	망　2壬 천 겹
4,5,16,17,28,29 생양	6,18　　　　욕	7,8,19,20　　대록
월간		시간　　일연공
8丙 임 호	1	4壬 예 부
3辛 절 사	5己	7乙 유 상
3,15,27 연　태		9,21　　왕
	마	월　　록
3癸 봉 무	10戊 심 지	5乙 주 천
8丙 명 두	1癸 생 개	겁　6戊 화 경
26,25,14,13,2,1 절묘	12,24　　사	23,22,11,10 겁화 병쇠

평생국이나 연국과 같이 포국하는 방법은 동일하다.

2002년 10월 초 1일의 일진은 정축이므로 축이 있는 고유궁은 간궁에 있다.

간궁 축에서 1일이 먹고, 간궁 인에서 2일,

진궁 3일, 손궁 4일 5일, 이궁 6일, 곤궁 7일 8일,

태궁 9일, 건궁 10일 11일, 감궁 12, 간궁 13일 14일,

진궁15일, 손궁 16일 17일, 이궁 18일, 곤궁 19일 20일,

태궁21일, 건궁 22일 23일, 감궁 24일, 간궁 25일 26일,

진궁 27일, 손궁 28일 29일까지 끝나게 된다.

다른 포국은 평생국 연국과 동일하다.

아래 기문포국은 1941년 11월 2일 유시생 평생국임

예2) 丁 辛 庚 辛   남
     酉 丑 子 巳   9/1변국, 음둔 윤 대설중원 7국

64 54 44 34 24 14 4
癸 甲 乙 丙 丁 戊 己
巳 午 未 申 酉 戌 亥

218

연, 연간, 일간 일공 　　5 편인 戊 주 무 　　5 편인 辛 생 두 -29-65　　　　양생	10 정인 己 심 호 　　　　10 정인 丙 절 상 -15-90　연　　　욕	연공 마 　　7 편관 丁 봉 합 겁　3 편재 癸 명 경 -20-78　　　　대록
록 　　6 상관 癸 예 지 　　4 겁재 壬 복 개 -24-71　　　　태	월간 　　9 비견 　　1 식신 庚 -30-60	시　　　연공 　　2 정관 乙 임 음 　　8 정재 戊 화 경 -45-48　　　　왕
세 　　1 식신 丙 영 천 망　9 - 乙 천 사 -9-46 겁, 화 절묘	월, 시간 　　8 정재 辛 보 부 　　2 정관 丁 귀 생 -17-86　　　　사	귀 　　3 편재 壬 충 사 　　7 편관 己 유 휴 -37-51　　　　병쇠

상기 예2 사주에 10월 **월국**을 포국하여 보겠다.

1941년 11월 2일 유시생을 2007년 10월 월국을 포국하려면

2007년 10월 2일 유시생으로 사주를 세워 월국을 포국하면 다음과 같다.

癸 己 辛 丁　남
酉 酉 亥 亥　　6/4변국, 음둔 소설 상원 5국

일간	시간　연공　록	월간　　연공
7 계 영 사	2 무 예 부	9 병 주 천
2 기 명 휴	7 계 화 개	10 신 생 두
9,10,21,22　대록	11,23　　　왕	1,12,13,24,25　쇠병
일공 마		세 시
8 기 보 음	1	4 을 심 지
1 경 유 경	8 무	5 병 절 생
8,20　　　욕		2,14,26　　　사
연간　　일공	귀	연 월
3 경 충 합	10 정 임 호	5 임 봉 무
6 정 귀 상	9 임 천 경	4 을 복 사
30,19,18,7,6　생양	5,17,29　　태	28,27,16,15,4,3 절묘

평생국이나 연 국과 같이 포국하는 방법은 동일하다.

2007년 10월 초1일의 일진은 무신이므로 신이 있는 고유 궁은 곤궁에 있다.

곤궁 신에서 1일이 먹고, 태궁 유에서 2일,

건궁 3일, 4일, 감궁 5일, 간궁 6일, 7일, 진궁 8일,

손궁 9일, 10일, 이궁 11일, 곤궁 12일, 13일, 태궁 14일,

건궁 15일, 16일, 감궁 17일, 간궁 18일 19일, 진궁 20일,

손궁 21일, 22일, 이궁 23일, 곤궁 24일, 25일, 태궁 26일,

건궁 27일, 28일, 감궁 29일, 간궁 30일까지 끝나게 된다.

다른 포국은 평생국 연국과 동일하다.

예3) 丁 甲 甲 甲　　남
　　卯 子 戌 午　　7/5변국, 음둔 입동상원 6국

```
61 51 41 31 21 11  1
辛 庚 己 戊 丁 丙 乙
巳 辰 卯 寅 丑 子 亥
```

연공	연, 시간	
3 식신 乙 주 사	8 상관 戊 심 부	5 편관 癸 봉 천
4 정인 庚 귀 개	역　9 편인 丁 복 경	망겁 2 정재 壬 천 상
-10-81 화, 겁　묘절	-45-59　　　태	-3-90　　　양생
시, 연간 록	월간　　마	
4 정인 壬 예 음	7 편재	10 정관 丙 임 지
역　3 식신 辛 절 두	5 편관 己	7 편재 乙 유 휴
-6-85 연　　　사	-15-78	-28-70 연　　욕
	세	월, 일간 일공
9 편인 丁 영 합	6 겁재 庚 보 호	1 비견 辛 충 무
8 상관 丙 명 생	1 - 癸 생 사	겁망 6 겁재 戊 화 경
-36-68　　　병쇠	-1-51　　　왕	-21-71 겁, 화　록대

상기 예3 사주에 5월 **월국**을 포국하여 보겠다.

1954년 10월 9일 묘시생을 1999년 5월 월국을 포국하려면

1999년 5월 9일 묘시생으로 사주를 세워 월국을 포국하면 다음과 같다.

己 乙 庚 己　　남
卯 巳 午 卯　　3/3변국, 음둔 하지 하원 6국

세 월간	월　　일연	연공
9庚 보 음 7庚 절 상 8,9,20,21　　대록	4丁 영 사 연역 2丁 생 생 10,22　　　왕	1壬 예 부 5壬 화 사 11,12,23,24연화겁 쇠병
연 시　　일공 10辛 충 합 일역 6辛 귀 겁 7,19　　　욕	연간 시간　　마 3 연망일겁 3己	일간　연공 6乙 주 천 10乙 명 두 1,13,25　　사
일공 귀 5丙 임 호 1丙 유 경 29,18,17,6,5일겁화 생양	2癸 봉 무 4癸 복 휴 4,16,28　연연　태	7戊 심 지 연겁일망 9戊 천 개 27,26,15,14,3,2 절묘

평생국이나 연국과 같이 포국하는 방법은 동일하다.

1999년 5월 초1일의 일진은 정유이므로 유가 있는 고유궁은 태궁에 있다.

태궁 유에서 1일이 먹고, 건궁 술에서 2일, 3일,

감궁 4일, 간궁 5일, 6일, 진궁 7일, 손궁 8일, 9일

이궁 10일, 곤궁 11일, 12일, 태궁 13일, 건궁 14일, 15일

감궁 16일, 간궁 17일, 18일, 진궁 19일, 손궁 20일, 21일,

이궁 22일, 곤궁 23일, 24일, 태궁 25일, 건궁 26일, 27일,

감궁 28일, 간궁 29일까지 끝나게 된다.

다른 포국은 평생국 연국과 동일하다. 복음격이다.

아래 기문포국은 1962년 5월 27일 자시생 평생국임

예4) 庚 丁 丙 壬　　여
　　 子 酉 午 寅　　5/3변국, 음둔 하지상원 9국

57 47 37 27 17 7

庚 辛 壬 癸 甲 乙

子 丑 寅 卯 辰 巳

222

일공 연공 록	월	월간
1정재戊 영 합	6편재丙 예 음	3정관庚 주 사
7정인癸 절 경	망　2편인戊 생 두	5겁재丙 화 개
-33-68　　대록	-11-83 연　　왕	-20-73　　쇠병
일간	**연간　　마**	**세, 시간**
2편인癸 보 호	5겁재	8편관辛 심 부
겁역 6편재丁 귀 휴	겁　3정관壬	10 - 庚 명 사
-26-70 연　　욕	-36-67	-8-53　　사
연	**시　　귀**	
7정인丁 충 무	4식신己 임 지	9상관乙 봉 천
1정재己 유 겹	4식신乙 복 상	역망 9상관辛 천 생
-9-90 겁, 화　생양	-15-77　　태	-45-62 겁, 화 절묘

상기 예4 사주에 **월국**을 포국하여 보겠다.

1962년 5월 27일 자시생을 2006년 11월 월국을 포국하려면

2006년 11월 27일 **자시생**으로 사주를 세워 월국을 포국하면 다음과 같다.

甲 己 辛 丙　　여
子 酉 丑 戌　　9/6변국, 양둔 대한 상원 3국

일간			연공마			연공		
	5 己 보 사			10 丁 영 음			7 乙 예 합	
	10 己 화 경			5 丁 명 사			8 乙 절 생	
10,11,22,23		쇠병	12,24 일연		사	1,2,13,14,25,26		묘절
시간　일공			9			세		
	6 戊 충 부						2 壬 주 진	
연역일망	9 戊 천 휴		연겁일역	6 庚		일겁	3 壬 생 두	
9,21 연연		왕				315,27		태
월　일공			시　연간　록			연　월간		
	1 癸 임 천			8 丙 봉 지			3 辛 심 작	
	4 癸 복 상			7 丙 유 겹		연망	2 辛 귀 개	
20,19,8,7 일겁화 록대			6,18		욕	29,28,17,16,5,4연겁화생양		

평생국이나 연국과 같이 포국하는 방법은 동일하다.

2006년 11월 초1일의 일진은 계미이므로 미가 있는 고유궁은 곤궁에 있다.

곤궁 미에서 1일이 먹고, 곤궁 신에서 2일,

태궁 3일, 건궁 4일, 5일, 감궁 6일, 간궁 7일, 8일

진궁 9일, 손궁 10일, 11일, 이궁 12일, 곤궁 13일, 14일

태궁 15일, 건궁 16일, 17일, 감궁 18일, 간궁 19일, 20일,

진궁 21일, 손궁 22일, 23일, 이궁 24일, 곤궁 25일, 26일,

태궁 27일, 건궁 28일, 29일까지 끝나게 된다.

다른 포국은 평생국 연국과 동일하다. 복음격이다.

아래 기문포국은 1917년 9월 30일 인시생 평생국임

예5) 戊 庚 辛 丁　　남
　　寅 申 亥 巳　　6/3변국, 음둔 입동하원 3국

62 52 42 32 22 12 2
甲 乙 丙 丁 戊 己 庚
辰 巳 午 未 申 酉 戌

연	월간	세
2 정인 癸 주 천 　　7 편인 乙 절 사 -18-87 겁　　대록	7 편인 丁 심 지 겁　2 정인 辛 생 경 -41-61 연　　　왕	4 상관 庚 봉 무 　　5 - 己 화 휴 -5-49　　　쇠병
시간		귀
3 편관 己 예 부 역망 6 정재 戊 귀 생 -11-90　　　욕	6 정재 겁역 3 편관 丙 -21-85	9 식신 壬 임 호 　10 겁재 癸 명 경 -38-78 연　　　사
시　일공 연공 마 　8 정관 辛 영 사 　1 편재 壬 유 개 -39-69 겁,화 생양	일간　일공 연공 　5 비견 乙 보 음 　4 상관 庚 복 두 -45-54　　　태	월,연간　　　록 　10 겁재 戊 충 합 망　9 식신 丁 천 상 -30-79　　　절묘

상기 예5 사주에 **월국**을 포국하여 보겠다.

1917년 9월 30일 인시생을 1979년 9월 월국을 포국하려면

1979년 9월 30일 인시생으로 사주를 세워 월국을 포국하면 다음과 같다.

戊 庚 乙 己　　남

寅 寅 亥 未　　2/8변국, 음둔 입동 하원 3국

월간			일공			연 연간 일공 귀		
	8癸 주 천			3丁 심 지			10庚 봉 무	
일망연역 2乙 명 개				7辛 화 겸			10己 생 상	
8,9,20,21	묘절		10,22	태		11,12,23,24연화겁	양생	
시간	마			2			5壬 임 호	
	9己 예 부						5癸 절 휴	
	1戊 유 두		8丙					
7,19	일연	사				1,13,25	욕	
세 시 연공			일간 연공 록			월		
	4辛 영 사			1乙 보 음			6戊 충 합	
일겁	6壬 귀 생		일역연겁 9庚 천 사				4丁 복 경	
30,29,18,17,6,5	병쇠		4,16,28	연연왕		27,26,15,14,3,2일겁화록대		

평생국이나 연국과 같이 포국하는 방법은 동일하다.

1979년 9월 초1일의 일진은 신유이므로 유가 있는 고유궁은 태궁에 있다.

태궁 유에서 1일이 먹고, 건궁 술에서 2일, 3일,

감궁 4일, 간궁 5일, 6일, 진궁 7일, 손궁 8일, 9일

이궁 10일, 곤궁 11일, 12일, 태궁 13일, 건궁 14일, 15일

감궁 16일, 간궁 17일 18일, 진궁 19일, 손궁 20일, 21일,

이궁 22일, 곤궁 23일, 24일, 태궁 25일, 건궁 26일, 27일,

감궁 28일, 간궁 29일, 30일까지 끝나게 된다.

다른 포국은 평생국 연국과 동일하다.

23. 일국

기문 5변국 중의 하나이다.

기문 5변국 중에서 평생국 연국 월국은 포국을 하고 있으나

일국과 시국은 특별한 경우를 제외하고는 거의 사용하지 않고 있는 실정이다.

일국은 월국을 참고하여 해단하게 된다.

일국에서는 절로 공망을 보게 된다.

아래 기문포국은 1946년 8월 6일 사시생 평생국임

예1) 丁 戊 丙 丙　　남
　　巳 寅 申 戌　　6/2변국, 음둔 처서하원 7국

72 62 52 42 32 22 12 2

甲 癸 壬 辛 庚 己 戊 丁

辰 卯 寅 丑 子 亥 戌 酉

시			연간, 월간 연공			월 연공 일공		
	2 편인 丁 봉 무			7 정인 乙 임 호			4 식신 壬 충 합	
겁	6 편재 辛 천 두			1 정재 丙 유 상			4 식신 癸 귀 겹	
-26-71		대록	-8-90		왕	-15-78		쇠병
				록		일간	일공	
	3 정관 己 심 지			6 편재			9 상관 辛 보 음	
	5 겁재 壬 화 개		망	2 편인 庚		역	9 상관 戊 복 경	
-20-74	연	욕	-28-69			-45-62		사
세			시간			연		
	8 편관 戊 주 천			5 겁재 癸 예 부			10 비견 丙 영 사	
	10 - 乙 생 사			3 정관 丁 명 생			8 편관 己 절 휴	
-7-53		생양	-11-83		태	-36-63	겁, 화	절묘

상기 예1 사주에 10월 16일 **일국**을 포국하여 보겠다.

1946년 8월 6일 사시생을 2002년 10월 16일 일국을 포국하려면

2002년 10월 16일 사시생으로 사주를 세워 일국을 포국하면 다음과 같다.

乙 壬 辛 壬　　남
巳 辰 亥 午　　2/3변국, 음둔 입동 하원 3국

세 시	연	
7壬 임 부 7乙 절 경 절로공망	2戊 충 천 2辛 생 사	9乙 보 지 5己 화 생
8庚 봉 사 6戊 귀 상	1 3丙	4辛 영 무 10癸 명 개
3丁 심 음 1壬 유 휴	10癸 주 합 4庚 복 경	월 5己 예 호 9丁 천 두

아래 기문포국은 1941년 11월 2일 유시생 평생국임

예2) 丁 辛 庚 辛　남
酉 丑 子 巳　　9/1변국, 음둔 윤 대설중원 7국

64 54 44 34 24 14 4
癸 甲 乙 丙 丁 戊 己
巳 午 未 申 酉 戌 亥

기문둔갑

228

연, 연간, 일간　일공 　5 편인戊 주 무 　5 편인辛 생 두 -29-65　　양생	10 정인己 심 호 10 정인丙 절 상 -15-90 연　욕	연공 마 7 편관丁 봉 합 겁　3 편재癸 명 경 -20-78　　대록
록 6 상관癸 예 지 4 겁재壬 복 개 -24-71　　태	월간 9 비견 1 식신庚 -30-60	시　연공 2 정관乙 임 음 8 정재戊 화 경 -45-48　　왕
세 　1 식신丙 영 천 망 9 - 乙 천 사 -9-46 겁,화 절묘	월, 시간 8 정재辛 보 부 2 정관丁 귀 생 -17-86　　사	귀 3 편재壬 충 사 7 편관己 유 휴 -37-51　　병쇠

상기 예2 사주에 10월 10일 **일국**을 포국하여 보겠다.

1941년 11월 2일 유시생을 2007년 10월 10일 일국을 포국하려면

2007년 10월 10일 유시생으로 사주를 세워 일국을 포국하면 다음과 같다.

己 丁 辛 丁　남
酉 巳 亥 亥　9/9변국, 음둔 소설 중원 8국

세	5 무 임 음	연간 일간
10 병 봉 합 8 임 귀 경	3 을 복 사	2 계 충 사 6 정 천 생
1 경 심 호 7 계 절 상	월간 4 4 신	시　시간 7 임 보 부 1 기 유 개
6 기 주 무 2 무 명 휴	3 정 예 지 5 병 생 경	연　월 8 을 영 천 10 경 화 두 절로공망

아래 기문포국은 1954년 10월 9일 묘시생 평생국임

예3) 丁 甲 甲 甲　남
　　卯 子 戌 午　　7/5변국, 음둔 입동상원 6국

61 51 41 31 21 11 1
辛 庚 己 戊 丁 丙 乙
巳 辰 卯 寅 丑 子 亥

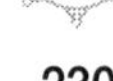

연공 3 식신 乙 주 사 4 정인 庚 귀 개 -10-81 화, 겁　묘절	연, 시간 　　8 상관 戊 심 부 역　9 편인 丁 복 경 -45-59　　태	5 편관 癸 봉 천 망겁 2 정재 壬 천 상 -3-90　　양생
시, 연간　록 　4 정인 壬 예 음 역　3 식신 辛 절 두 -6-85 연　　사	월간　마 7 편재 5 편관 己 -15-78	10 정관 丙 임 지 7 편재 乙 유 휴 -28-70 연　　욕
9 편인 丁 영 합 8 상관 丙 명 생 -36-68　　병쇠	세 6 겁재 庚 보 호 1 - 癸 생 사 -1-51　　왕	월, 일간　일공 　1 비견 辛 충 무 겁망 6 겁재 戊 화 경 -21-71 겁, 화　록대

상기 예3 사주에 5월 **일국**을 포국하여 보겠다.

1954년 10월 9일 묘시생을 1999년 5월 4일 일국을 포국하려면

1999년 5월 4일 묘시생으로 사주를 세워 일국을 포국하면 다음과 같다.

己 庚 庚 己　남
卯 子 午 卯　8/7변국, 양둔 망종 중원 3국

연간 시간	월	
4己 보 부 1己 유 개	9丁 영 사 6丁 천 휴	6乙 예 음 9乙 복 경
연 시 　5戊 충 천 　10戊 명 두 절로공망	일간 월간 8 7庚	1壬 주 합 4壬 귀 경
10癸 임 지 　5癸 절 사 절로공망	세 7丙 봉 작 8丙 화 생	2辛 심 진 3辛 생 상

아래 기문포국은 1962년 5월 27일 자시생 평생국임

예4) **庚 丁 丙 壬　　여**
　　 子 酉 午 寅　　5/3변국, 음둔 하지상원 9국

57 47 37 27 17 7

庚 辛 壬 癸 甲 乙

子 丑 寅 卯 辰 巳

일공 연공 록	월	월간
1 정재 戊 영 합 7 정인 癸 절 경 -33-68　　대록	6 편재 丙 예 음 망　2 편인 戊 생 두 -11-83 연　　왕	3 정관 庚 주 사 5 겁재 丙 화 개 -20-73　　쇠병
일간	연간　마	세, 시간
2 편인 癸 보 호 겁역 6 편재 丁 귀 휴 -26-70 연　　욕	5 겁재 겁　3 정관 壬 -36-67	8 편관 辛 심 부 10 - 庚 명 사 -8-53　　사
연	시　귀	
7 정인 丁 충 무 1 정재 己 유 겁 -9-90 겁,화　생양	4 식신 己 임 지 　4 식신 乙 복 상 -15-77　　태	9 상관 乙 봉 천 역망 9 상관 辛 천 생 -45-62 겁,화 절묘

상기 예4 사주에 **일국**을 포국하여 보겠다.

1962년 5월 27일 자시생을 1999년 5월 4일 일국을 포국하려면

1999년 5월 4일 자시생으로 사주를 세워 일국을 포국하면 다음과 같다.

丙 庚 庚 己　여
子 子 午 卯　　5/4변국, 양둔 망종 중원 3국

연간 　　1壬 주 합 　　8己 귀 개	월 　　6辛 심 진 　　3丁 복 휴	3丙 봉 작 6乙 천 경
연 　　2乙 예 음 　　7戊 절 두 절로공망	일간 월간 5 4庚	8癸 임 지 1壬 유 겹
7丁 영 사 2癸 명 사 절로공망	세시　시간 　　4己 보 부 　　5丙 생 생	9戊 충 천 10辛 화 상

아래 기문포국은 1917년 9월 30일 인시생 평생국임

예5) 戊 庚 辛 丁   남
**　　 寅 申 亥 巳   6/3변국, 음둔 입동하원 3국**

62 52 42 32 22 12 2
甲 乙 丙 丁 戊 己 庚
辰 巳 午 未 申 酉 戌

연 　　2정인癸 주 천 　　7편인乙 절 사 -18-87 겁　　대록	월간 　　7편인丁 심 지 겁　2정인辛 생 경 -41-61 연　　왕	세 　　4상관庚 봉 무 　　5 - 己 화 휴 -5-49　　　쇠병
시간 　　3편관己 예 부 역망 6정재戊 귀 생 -11-90　　　욕	6정재 겁역 3편관丙 -21-85	귀 　　9식신壬 임 호 　　10겁재癸 명 경 -38-78 연　　사
시　일공 연공 마 　　8정관辛 영 사 　　1편재壬 유 개 -39-69 겁,화 생양	일간　일공 연공 　　5비견乙 보 음 　　4상관庚 복 두 -45-54　　　태	월,연간　록 　　10겁재戊 충 합 망　9식신丁 천 상 -30-79　　　절묘

상기 예5 사주에 **일국**을 포국하여 보겠다.

1917년 9월 30일 인시생을 1979년 9월 6일 일국을 포국하려면

1979년 9월 6일 인시생으로 사주를 세워 일국을 포국하면 다음과 같다.

庚 丙 甲 己 　 남
寅 寅 戌 未 　 8/7변국, 음둔 상강 상원 5국

연간　월간		연
4己 보 천 1己 유 개	9癸 영 지 6癸 천 겸	6辛 예 무 9辛 복 상 절로공망
시간 　5庚 충 부 10庚 명 두	8 7戊	일간 　1丙 주 호 　4丙 귀 휴 절로공망
세　시 　10丁 임 사 　5丁 절 생	7壬 봉 음 8壬 화 사	월 　2乙 심 합 　3乙 생 경

24. 시국

기문 5변국 중의 하나이다.

특정한 시를 보기 위한 기문포국이나 거의 사용하지 않고 있는 실정이다.

아래 기문포국은 1946년 8월 6일 사시생 평생국임

예1)　丁　戊　丙　丙　　남
　　　巳　寅　申　戌　　6/2변국, 음둔 처서하원 7국

72　62　52　42　32　22　12　2
甲　癸　壬　辛　庚　己　戊　丁
辰　卯　寅　丑　子　亥　戌　酉

시	연간, 월간 연공	월　연공 일공
2 편인 丁 봉 무 겁　6 편재 辛 천 두 -26-71　　　대록	7 정인 乙 임 호 　　1 정재 丙 유 상 -8-90　　　왕	4 식신 壬 충 합 　　4 식신 癸 귀 겹 -15-78　　　쇠병
3 정관 己 심 지 　　5 겁재 壬 화 개 -20-74 연　　욕	록 　　6 편재 망　2 편인 庚 -28-69	일간　　일공 　　9 상관 辛 보 음 역　9 상관 戊 복 경 -45-62　　　사
세 　　8 편관 戊 주 천 　　10 - 乙 생 사 -7-53　　　생양	시간 　　5 겁재 癸 예 부 　　3 정관 丁 명 생 -11-83　　　태	연 　　10 비견 丙 영 사 　　8 편관 己 절 휴 -36-63 겁, 화 절묘

상기 예1 사주에 2002년 10월 16일 유시 **시국**을 포국하여 보겠다.

1946년 8월 6일 사시생을 2002년 10월 16일 유시 시국을 포국하려면

2002년 10월 16일 유시생으로 사주를 세워 시국을 포국하면 다음과 같다.

己 壬 辛 壬　　남
酉 辰 亥 午　　**5/7변국, 음둔 입동 하원 3국**

세	연	
1丁 심 음 1乙 유 졏 절로공망	6庚 봉 사 6辛 천 사	3壬 임 부 9己 복 생
2癸 주 합 10戊 명 상	5 7丙	시 8戊 충 천 4癸 귀 개
7己 예 호 5壬 절 휴	4辛 영 무 8庚 화 경	월 9乙 보 지 3丁 생 두

아래 기문포국은 1941년 11월 2일 유시생 평생국임

예2) 丁 辛 庚 辛   남
　　　 酉 丑 子 巳   9/1변국, 음둔 윤 대설중원 7국

64 54 44 34 24 14 4
癸 甲 乙 丙 丁 戊 己
巳 午 未 申 酉 戌 亥

연, 연간, 일간　일공 　　5 편인戊 주 무 　　5 편인辛 생 두 -29-65　　　　양생	10 정인己 심 호 　10 정인丙 절 상 -15-90 연　　욕	연공 마 　7 편관丁 봉 합 겁　3 편재癸 명 경 -20-78　　　대록
록 6 상관癸 예 지 4 겁재壬 복 개 -24-71　　　태	월간 　9 비견 　1 식신庚 -30-60	시　　연공 2 정관乙 임 음 8 정재戊 화 경 -45-48　　　왕
세 　1 식신丙 영 천 망　9 - 乙 천 사 -9-46 겁,화 절묘	월, 시간 　8 정재辛 보 부 　2 정관丁 귀 생 -17-86　　　사	귀 3 편재壬 충 사 7 편관己 유 휴 -37-51　　　병쇠

상기 예2 사주에 2007년 10월 10일 유시 **시국**을 포국하여 보겠다.

1941년 11월 2일 유시생을 2007년 10월 10일 유시 시국을 포국하려면

2007년 10월 10일 유시생으로 사주를 세워 시국을 포국하면 다음과 같다.

己 丁 辛 丁　　남
酉 巳 亥 亥　　4/4변국, 음둔 소설 중원 8국

세 　10丙 봉 합 　·8壬 귀 겹	시간 　5戊 임 음 　3乙 복 사	연간　일간 　2癸 충 사 　6丁 천 생
1庚 심 호 7癸 절 상	월간 　4 　4辛	시 　7壬 보 부 　1己 유 개
6己 주 무 2戊 명 휴	3丁 예 지 5丙 생 경	연　월 　8乙 영 천 　10庚 화 두 절로공망

아래 기문포국은 1954년 10월 9일 묘시생 평생국임

예3) 丁 甲 甲 甲　　남
　　　卯 子 戌 午　　7/5변국, 음둔 입동상원 6국

61 51 41 31 21 11 1
辛 庚 己 戊 丁 丙 乙
巳 辰 卯 寅 丑 子 亥

연공	연, 시간	
3 식신 乙 주 사	8 상관 戊 심 부	5 편관 癸 봉 천
4 정인 庚 귀 개	역　9 편인 丁 복 경	망겁 2 정재 壬 천 상
-10-81 화, 겁 묘절	-45-59　　　태	-3-90　　　양생
시, 연간 록	월간 마	
4 정인 壬 예 음	7 편재	10 정관 丙 임 지
역 3 식신 辛 절 두	5 편관 己	7 편재 乙 유 휴
-6-85 연　　사	-15-78	-28-70 연　욕
	세	월, 일간 일공
9 편인 丁 영 합	6 겁재 庚 보 호	1 비견 辛 충 무
8 상관 丙 명 생	1 - 癸 생 사	겁망 6 겁재 戊 화 경
-36-68　　병쇠	-1-51　　　왕	-21-71 겁, 화 록대

상기 예3 사주에 1999년 5월 4일 해시 **시국**을 포국하여 보겠다.

1954년 10월 9일 묘시생을 1999년 5월 4일 해시 시국을 포국하려면

1999년 5월 4일 해시생으로 사주를 세워 시국을 포국하면 다음과 같다.

丁 庚 庚 己　남
亥 子 午 卯　6/6변국, 양둔 망종 중원3국

	월	
2丁 영 천 10己 화 개	7庚 금 부 5丁 명 휴	4壬 주 사 8乙 절 경
연 　3己 보 지 　9戊 천 두 절로공망	6 6庚	9辛 심 음 3壬 생 겸
8戊 충 작 　4癸 복 사 절로공망	세 5癸 임 진 7丙 유 생	시 10丙 봉 합 2辛 귀 상

아래 기문포국은 1962년 5월 27일 자시생 평생국임

예4) 庚 丁 丙 壬　　여
　　　子 酉 午 寅　　5/3변국, 음둔 하지상원 9국

57 47 37 27 17 7
庚 辛 壬 癸 甲 乙
子 丑 寅 卯 辰 巳

일공 연공 록	월	월간
1 정재 戊 영 합 7 정인 癸 절 경 -33-68　　대록	6 편재 丙 예 음 망 2 편인 戊 생 두 -11-83 연　　왕	3 정관 庚 주 사 5 겁재 丙 화 개 -20-73　　쇠병
일간	연간　　마	세, 시간
2 편인 癸 보 호 겁역 6 편재 丁 귀 휴 -26-70 연　　욕	5 겁재 겁 3 정관 壬 -36-67	8 편관 辛 심 부 10 － 庚 명 사 -8-53　　사
연	시　　귀	
7 정인 丁 충 무 1 정재 己 유 경 -9-90 겁,화 생양	4 식신 己 임 지 4 식신 乙 복 상 -15-77　　태	9 상관 乙 봉 천 역망 9 상관 辛 천 생 -45-62 겁,화 절묘

상기 예4 사주에 **시국**을 포국하여 보겠다.

1962년 5월 27일 자시생을 1999년 5월 4일 술시 시국을 포국하려면

1999년 5월 4일 술시생으로 사주를 세워 시국을 포국하면 다음과 같다.

丙 庚 庚 己 　여
戌 子 午 卯 　5/5변국, 양둔 망종 중원3국

	월	
1丙 봉 합 4己 귀 개	6癸 임 진 9丁 복 휴	3戊 충 작 2乙 천 경
연 2辛 심 음 3戊 절 두 절로공망	5 5庚	8己 보 지 7壬 유 경
7壬 주 사 8癸 명 사 절로공망	세 4庚 금 부 1丙 생 생	시 9丁 영 천 6辛 화 상

아래 기문포국은 1917년 9월 30일 인시생 평생국임

예5) 戊 庚 辛 丁　 남
　　 寅 申 亥 巳　 6/3변국, 음둔 입동하원 3국

62 52 42 32 22 12 2
甲 乙 丙 丁 戊 己 庚
辰 巳 午 未 申 酉 戌

연	월간	세
2 정인癸 주 천 　　7 편인乙 절 사 -18-87 겁　　대록	7 편인丁 심 지 겁　2 정인辛 생 경 -41-61 연　　왕	4 상관庚 봉 무 　　5 - 己 화 휴 -5-49　　쇠병
시간 　　3 편관己 예 부 역망 6 정재戊 귀 생 -11-90　　욕	6 정재 겁역 3 편관丙 -21-85	**귀** 　　9 식신壬 임 호 10 겁재癸 명 경 -38-78 연　　사
시　일공 연공 마 　　8 정관辛 영 사 　　1 편재壬 유 개 -39-69 겁,화 생양	일간 일공 연공 　　5 비견乙 보 음 　　4 상관庚 복 두 -45-54　　태	월, 연간　　록 　　10 겁재戊 충 합 망　9 식신丁 천 상 -30-79　　절묘

상기 예5 사주에 **시국**을 포국하여 보겠다.

1917년 9월 30일 인시생을 1979년 9월 6일 술시 시국을 포국하려면

1979년 9월 6일 술시생으로 사주를 세워 일국을 포국하면 다음과 같다.

戊 丙 甲 己　　　남

戊 寅 戌 未　　　6/6변국, 음둔 상강 상원5국

2 己 보 음 10 己 화 개	7 癸 영 사 5 癸 명 겸	연 4 辛 예 부 8 辛 절 상 절로공망
3 庚 충 합 9 庚 천 두	6 6 戊	9 丙 주 천 3 丙 생 휴 절로공망
세 8 丁 임 호 4 丁 복 생	5 壬 봉 무 7 壬 유 사	월 시 10 乙 심 지 2 乙 귀 경

25. 시가 8문

앞전에 설명 포국한 일가 8문(화기8문)은 일주를 기준하여 포국되나
시가 8문은 시주를 기준하여 포국되는 점이 일가 8문과 다르다.
공통점은 8문의 본래 위치가 동일한 것이다.
출행 여행 출타 피난 등을 선택하는 방향으로 사용하기가 좋은 8문이다.

시가 8문
생문, 상문, 두문, 경문, 사문, 경문, 개문, 휴문 8개의 문이다.
생문(생), 상문(상), 두문(두), 경문(경), 사문(사), 경문(경), 개문(개), 휴문(휴)
약자로 구궁에 표기 하겠다.

시가 8문 포국방법
1) 시주의 순수를 찾아 시주의 순수가 있는 지반 육의삼기를 찾는다.
2) 시주순수 지반 육의삼기가 있는 궁에서 순수의 부두가 시작하여
   음둔 양둔에 따라 역행 순행하며 시주가 닿는 궁까지 짚어나간다.
3) 시주순수가 있는 궁의 원래 8문이 시주가 닿는 궁에 옮겨가서
   구궁외각으로 시계 방향으로 포국된다.

● 음둔 3국 을사시라면

乙 죠	辛 개	己 휴
戊 사	丙	癸 생
壬 경	庚 두	丁 상

1) 시주 을사 시 순수는 갑진 임이 된다.
2) 지반육의삼기 임이 있는 궁은 간궁에 있다.

3) 순수임이 있는 간궁에서 부두 갑진이 시작하여 역행으로
   을사 시는 태궁이 된다.
4) 시주순수가 있는 궁 원래 8문은 간궁 생문 궁이므로 생문이 태궁에
   옮겨가게 된다.
   생문은 태궁, 상문은 건궁
   두문은 감궁, 경문은 간궁
   사문은 진궁, 경문은 손궁
   개문은 이궁, 휴문은 곤궁 구궁외각 시계 방향으로 포국된다.

◉ 음둔 8국 을사시라면

壬 경	乙 사	丁 경
癸 두	辛	己 개
戊 상	丙 생	庚 휴

1) 시주 을사 시 순수는 갑진 임이 된다.
2) 지반육위삼기 임이 있는 궁은 손궁에 있다.
3) 순수임이 있는 손궁에서 부두 갑진이 시작하여 역행으로
   을사 시는 진궁이 된다.
4) 시주순수가 있는 궁 원래 8문은 손궁 두문 궁이므로 두문이 진궁에
   옮겨가게 된다.
   생문은 감궁, 상문은 간궁
   두문은 진궁, 경문은 손궁
   사문은 이궁, 경문은 곤궁
   개문은 태궁, 휴문은 건궁 구궁외각 시계 방향으로 포국된다.

● 양둔 3국 기묘시라면

己 상	丁 두	乙 경
戊 생	庚	壬 사
癸 휴	丙 개	辛 경

1) 시주 기묘 시 순수는 갑술 기가 된다.

2) 지반육의삼기 기가 있는 궁은 손궁에 있다.

3) 순수기가 있는 손궁에서 부두 갑술이 시작하여 순행으로
   기묘 시는 이궁이 된다.

4) 시주순수가 있는 궁 원래 8문은 손궁 두문 궁이므로
   두문이 이궁에 옮겨가게 된다.
   생문은 진궁, 상문은 손궁
   두문은 이궁, 경문은 곤궁
   사문은 태궁, 경문은 건궁
   개문은 감궁, 휴문은 간궁 구궁외각 시계 방향으로 포국된다.

● 양둔 3국 병자시라면

己 개	丁 휴	乙 생
戊 경	庚	壬 상
癸 사	丙 경	辛 두

1) 시주 병자 시 순수는 갑술 기가 된다.

2) 지반육의삼기 기가 있는 궁은 손궁에 있다.

3) 순수기가 있는 손궁에서 부두 갑술이 시작하여

순행으로 병자 시는 건궁이 된다.

4) 시주순수가 있는 궁 원래 8문은 손궁 두문 궁이므로
   두문이 건궁에 옮겨가게 된다.
   생문은 곤궁, 상문은 태궁
   두문은 건궁, 경문은 감궁
   사문은 간궁, 경문은 진궁
   개문은 손궁, 휴문은 이궁 구궁외각 시계 방향으로 포국된다.

● 음둔 5국 경인시라면

己　경	癸　개	辛　휴
庚　사	戊	丙　생
丁　경	壬　두	乙　상

1) 시주 경인 시 순수는 갑신 경이 된다.
2) 지반육의삼기 경이 있는 궁은 진궁에 있다.
3) 순수경이 있는 진궁에서 부두 갑신이 시작하여
   역행으로 경인 시는 건궁이 된다.
4) 시주순수가 있는 궁 원래 8문은 진궁 상문 궁이므로
   상문이 건궁에 옮겨가게 된다.
   생문은 태궁, 상문은 건궁
   두문은 감궁, 경문은 간궁
   사문은 진궁, 경문은 손궁
   개문은 이궁, 휴문은 곤궁 구궁외각 시계 방향으로 포국된다.

아래 기문포국은 1946년 8월 6일 사시생 평생국임

예1) 丁 戊 丙 丙　　남
　　　　　巳 寅 申 戌　　6/2변국, 음둔 처서하원 7국

72 62 52 42 32 22 12 2
甲 癸 壬 辛 庚 己 戊 丁
辰 卯 寅 丑 子 亥 戌 酉

시	연간, 월간 연공	월　연공 일공
2편인丁 봉 무 겁　6편재辛 천 두 -26-71　　대록	7정인乙 임 호 　　1정재丙 유 상 -8-90　　왕	4식신壬 충 합 　　4식신癸 귀 경 -15-78　　쇠병
3정관己 심 지 　　5겁재壬 화 개 -20-74 연　　욕	록 6편재 망　2편인庚 -28-69	일간　일공 　　9상관辛 보 음 역　9상관戊 복 경 -45-62　　사
세 　　8편관戊 주 천 　　10 - 乙 생 사 -7-53　　생양	시간 　　5겁재癸 예 부 　　3정관丁 명 생 -11-83　　태	연 　　10비견丙 영 사 　　8편관己 절 휴 -36-63 겁,화 절묘

상기 예1 사주에 **시가 8문**을 포국한다.

예1) 丁 戊 丙 丙　　남
　　　 巳 寅 申 戌　　6/2변국, 음둔 처서하원 7국

72 62 52 42 32 22 12 2
甲 癸 壬 辛 庚 己 戊 丁
辰 卯 寅 丑 子 亥 戌 酉

시 　　2 편인 丁 봉 무 겁　6 편재 辛 천 두 -26-71　　대록 **개**	연간, 월간 연공 　　7 정인 乙 임 호 　　1 정재 丙 유 상 -8-90　　　왕 **휴**	월　연공 일공 　　4 식신 壬 충 합 　　4 식신 癸 귀 **경** -15-78　　쇠병 **생**
3 정관 己 심 지 　　5 겁재 壬 화 개 -20-74 연, 욕 **경**	록 　　6 편재 망　2 편인 庚 -28-69	일간　　일공 　　9 상관 辛 보 음 역　9 상관 戊 복 경 -45-62　　사 **상**
세 　　8 편관 戊 주 천 　　10 - 乙 생 사 -7-53　　생양 **사**	시간 　　5 겁재 癸 예 부 　　3 정관 丁 명 생 -11-83　　태 **경**	연 　　10 비견 丙 영 사 　　8 편관 己 절 휴 -36-63겁 화, 절묘 **두**

1) 시주 정사 시 순수는 갑인 계가 된다.

2) 지반육의삼기 계가 있는 궁은 곤궁에 있다.

3) 순수계가 있는 곤궁에서 부두 갑인이 시작하여
　 역행으로 정사 시는 간궁이 된다.

4) 시주순수가 있는 궁 원래 8문은 곤궁 사문 궁이므로
　 사문이 간궁에 옮겨가게 된다.

생문은 곤궁, 상문은 태궁

두문은 건궁, 경문은 감궁

사문은 간궁, 경문은 진궁

개문은 손궁, 휴문은 이궁 구궁외각 시계 방향으로 포국된다.

아래 기문포국은 1941년 11월 2일 사시생 평생국임

예2) 丁 辛 庚 辛   남
      酉 丑 子 巳   9/1변국, 음둔 윤 대설중원 7국

64 54 44 34 24 14 4

癸 甲 乙 丙 丁 戊 己

巳 午 未 申 酉 戌 亥

연, 연간, 일간 일공	연공 마	
5 편인 戊 주 무 5 편인 辛 생 두 -29-65 양생	10 정인 己 심 호 10 정인 丙 절 상 -15-90 연 욕	7 편관 丁 봉 합 겁 3 편재 癸 명 겸 -20-78 대록
록 6 상관 癸 예 지 4 겁재 壬 복 개 -24-71 태	월간 9 비견 1 식신 庚 -30-60	시 연공 2 정관 乙 임 음 8 정재 戊 화 경 -45-48 왕
세 1 식신 丙 영 천 망 9 - 乙 천 사 -9-46 겁,화 절묘	월, 시간 8 정재 辛 보 부 2 정관 丁 귀 생 -17-86 사	귀 3 편재 壬 충 사 7 편관 己 유 휴 -37-51 병쇠

상기 예2 사주에 **시가 8문**을 포국한다.


```
64 54 44 34 24 14  4
癸  甲 乙 丙 丁 戊 己
巳  午 未 申 酉 戌 亥
```

연, 연간, 일간 일공 　5 편인 戊 주 무 　5 편인 辛 생 두 -29-65양생　　**겸**	10 정인 己 심 호 　10 정인 丙 절 상 -15-90 연, 욕　**개**	연공 마 　7 편관 丁 봉 합 겁　3 편재 癸 명 겸 -20-78　　대록 **휴**
록 6 상관 癸 예 지 4 겁재 壬 복 개 -24-71　　태 **사**	월간 9 비견 1 식신 庚 -30-60	시　　연공 2 정관 乙 임 음 8 정재 戊 화 경 -45-48　　왕 **생**
세 　1 식신 丙 영 천 망　9 - 乙 천 사 -9-46 겁화, 절묘 **경**	월, 시간 　8 정재 辛 보 부 　2 정관 丁 귀 생 -17-86　　사 **두**	귀 3 편재 壬 충 사 7 편관 己 유 휴 -37-51　　병쇠 **상**

1) 시주 정유 시 순수는 갑오 신이 된다.

2) 지반육의삼기 신이 있는 궁은 손궁에 있다.

3) 순수 신이 있는 손궁에서 부두 갑오가 시작하여
   역행으로 정유 시는 감궁이 된다.

4) 시주순수가 있는 궁 원래 8문은 손궁 두문 궁이므로
   두문이 감궁에 옮겨가게 된다.

생문은 태궁, 상문은 건궁

두문은 감궁, 경문은 간궁

사문은 진궁, 경문은 손궁

개문은 이궁, 휴문은 곤궁 구궁외각 시계 방향으로 포국된다.

아래 기문포국은 1954년 10월 9일 묘시생 평생국임

예3) 丁 甲 甲 甲   남
卯 子 戌 午   7/5변국, 음둔 입동상원 6국

61 51 41 31 21 11 1

辛 庚 己 戊 丁 丙 乙

巳 辰 卯 寅 丑 子 亥

연공 3 식신 乙 주 사 4 정인 庚 귀 개 -10-81 화, 겁 묘절	연, 시간 　　8 상관 戊 심 부 역 9 편인 丁 복 겁 -45-59 　　태	5 편관 癸 봉 천 망겁 2 정재 壬 천 상 -3-90 　　양생
시, 연간 록 　　4 정인 壬 예 음 역 3 식신 辛 절 두 -6-85 연 　　사	월간 　　마 　　7 편재 　　5 편관 己 -15-78	10 정관 丙 임 지 　　7 편재 乙 유 휴 -28-70 연 　　욕
9 편인 丁 영 합 　　8 상관 丙 명 생 -36-68 　　병쇠	세 　　6 겁재 庚 보 호 　　1 - 癸 생 사 -1-51 　　왕	월, 일간 　　일공 　　1 비견 辛 충 무 겁망 6 겁재 戊 화 경 -21-71 겁, 화 록대

상기 예3 사주에 **시가 8문**을 포국한다.

예3) 丁 甲 甲 甲　　남
　　　卯 子 戌 午　　7/5변국, 음둔 입동상원 6국

61 51 41 31 21 11 1
辛 庚 己 戊 丁 丙 乙
巳 辰 卯 寅 丑 子 亥

연공 3 식신 乙 주 사 4 정인 庚 귀 개 -10-81 화 겁 묘절 **휴**	연, 시간 　8 상관 戊 심 부 역　9 편인 丁 복 **겸** -45-59　　　태　**생**	5 편관 癸 봉 천 망겁 2 정재 壬 천 상 -3-90　양생　**상**
시, 연간　록 　4 정인 壬 예 음 역　3 식신 辛 절 두 -6-85 연, 사 **개**	월간　　마 　7 편재 　5 편관 己 -15-78	10 정관 丙 임 지 　7 편재 乙 유 휴 -28-70 연, 욕 **두**
9 편인 丁 영 합 　8 상관 丙 명 생 -36-68 병쇠 **겸**	세 　6 겁재 庚 보 호 　1 － 癸 생 사 -1-51　　　왕　**사**	월, 일간　일공 　1 비견 辛 충 무 겁망 6 겁재 戊 화 경 -21-71 겁 화 록대 **경**

1) 시주 정묘 시 순수는 갑자 무가 된다.

2) 지반육의삼기 무가 있는 궁은 건궁에 있다.

3) 순수 무가 있는 건궁에서 부두 갑자가 시작하여
　역행으로 정묘 시는 진궁이 된다.

4) 시주순수가 있는 궁 원래 8문은 건궁 개문 궁이므로
　개문이 진궁에 옮겨가게 된다.

생문은 이궁, 상문은 곤궁

두문은 태궁, 경문은 건궁

사문은 감궁, 경문은 간궁

개문은 진궁, 휴문은 손궁 구궁외각 시계 방향으로 포국된다.

아래 기문포국은 1962년 5월 27일 자시생 평생국임

<table>
<tr><td>예4)</td><td>庚 丁 丙 壬　　여</td></tr>
<tr><td></td><td>子 酉 午 寅　　5/3변국, 음둔 하지상원 9국</td></tr>
</table>

57 47 37 27 17 7

庚 辛 壬 癸 甲 乙

子 丑 寅 卯 辰 巳

일공 연공 록	월	월간
1 정재 戊 영 합	6 편재 丙 예 음	3 정관 庚 주 사
7 정인 癸 절 경	망 2 편인 戊 생 두	5 겁재 丙 화 개
-33-68　　대록	-11-83 연　　왕	-20-73　　쇠병
일간	연간　　마	세, 시간
2 편인 癸 보 호	5 겁재	8 편관 辛 심 부
겁역 6 편재 丁 귀 휴	겁 3 정관 壬	10 － 庚 명 사
-26-70 연　　욕	-36-67	-8-53　　사
연	시　　귀	
7 정인 丁 충 무	4 식신 己 임 지	9 상관 乙 봉 천
1 정재 己 유 경	4 식신 乙 복 상	역망 9 상관 辛 천 생
-9-90 겁, 화 생양	-15-77　　태	-45-62 겁, 화 절묘

상기 예4 사주에 **시가** 8문을 포국하겠다.

예4) 庚 丁 丙 壬　　여
　　　子 酉 午 寅　　5/3변국 음둔 하지상원 9국

　　57 47 37 27 17 7
　　庚 辛 壬 癸 甲 乙
　　子 丑 寅 卯 辰 巳

<table>
<tr><td>일공 연공 록
　1 정재 戊 영 합
　7 정인 癸 절 경
-33-68　대록　경</td><td>월
　　6 편재 丙 예 음
망　2 편인 戊 생 두
-11-83　연　왕　개</td><td>월간
　　3 정관 庚 주 사
　　5 겁재 丙 화 개
-20-73　쇠병　휴</td></tr>
<tr><td>일간
　　2 편인 癸 보 호
겁역 6 편재 丁 귀 휴
-26-70 연, 욕　사</td><td>연간　　마
　　5 겁재
겁　3 정관 壬
-36-67</td><td>세, 시간
　　8 편관 辛 심 부
　10　-　庚 명 사
-8-53　　사　생</td></tr>
<tr><td>연
　　7 정인 丁 충 무
　　1 정재 己 유 경
-9-90 겁 화 생양 경</td><td>시　　귀
　　4 식신 己 임 지
　　4 식신 乙 복 상
-15-77　　태 두</td><td>　　9 상관 乙 봉 천
역망 9 상관 辛 천 생
-45-62 겁 화 절묘 상</td></tr>
</table>

1) 시주 경자 시 순수는 갑오 신이 된다.

2) 지반육의삼기 신이 있는 궁은 건궁에 있다.

3) 순수 신이 있는 건궁에서 부두 갑오가 시작하여
　역행으로 경자 시는 이궁이 된다.

4) 시주순수가 있는 궁 원래 8문은 건궁 개문 궁이므로
　개문이 이궁에 옮겨가게 된다.

생문은 태궁, 상문은 건궁

두문은 감궁, 경문은 간궁

사문은 진궁, 겸문은 손궁

개문은 이궁, 휴문은 곤궁 구궁외각 시계 방향으로 포국된다.

아래 기문포국은 1917년 9월 30일 인시생 평생국임

예5) 戊 庚 辛 丁　　남
　　　寅 申 亥 巳　　6/3변국, 음둔 입동하원 3국

62 52 42 32 22 12 2

甲 乙 丙 丁 戊 己 庚

辰 巳 午 未 申 酉 戌

연	월간	세
2 정인癸 주 천 　7 편인乙 절 사 -18-87 겁　　대록	7 편인丁 심 지 겁　2 정인辛 생 경 -41-61 연　　왕	4 상관庚 봉 무 　5 - 己 화 휴 -5-49　　쇠병
시간 　3 편관己 예 부 역망 6 정재戊 귀 생 -11-90　　욕	6 정재 겁역 3 편관丙 -21-85	귀 　9 식신壬 임 호 10 겁재癸 명 경 -38-78 연　　사
시　일공 연공 마 　8 정관辛 영 사 　1 편재壬 유 개 -39-69 겁, 화 생양	일간　일공 연공 　5 비견乙 보 음 　4 상관庚 복 두 -45-54　　태	월,연간　　록 　10 겁재戊 충 합 망　9 식신丁 천 상 -30-79　　절묘

상기 예5 사주에 **시가 8문**을 포국하겠다.

예5) 戊 庚 辛 丁　　남
　　　寅 申 亥 巳　　6/3변국 음둔 입동하원 3국

　　62 52 42 32 22 12 2
　　甲 乙 丙 丁 戊 己 庚
　　辰 巳 午 未 申 酉 戌

연 　　2 정인癸 주 천 　　7 편인乙 절 사 -18-87 겁 대록 **상**	월간 　　7 편인丁 심 지 겁　2 정인辛 생 경 -41-61 연, 왕 **두**	세 　　4 상관庚 봉 무 　　5 - 己 화 휴 -5-49 쇠병　**경**
시간 　　3 편관己 예 부 역망 6 정재戊 귀 생 -11-90　　욕 **생**	6 정재 겁역 3 편관丙 -21-85	귀 　　9 식신壬 임 호 10 겁재癸 명 겁 -38-78 연 사 **사**
시　일공 연공 마 　　8 정관辛 영 사 　　1 편재壬 유 개 -39-69 겁 화 생양 **휴**	일간　일공 연공 　　5 비견乙 보 음 　　4 상관庚 복 두 -45-54　　태 **개**	월, 연간　　록 　　10 겁재戊 충 합 망　9 식신丁 천 상 -30-79　절묘 **겁**

1) 시주 무인 시 순수는 갑술 기가　된다.

2) 지반육의삼기 기가 있는 궁은 곤궁에 있다.

3) 순수 기가 있는 곤궁에서 부두 갑술이 시작하여
　역행으로 무인 시는 태궁이 된다.

4) 시주순수가 있는 궁 원래 8문은 곤궁 사문 궁이므로
　사문이 태궁에 옮겨가게 된다.

생문은 진궁, 상문은 손궁

두문은 이궁, 경문은 곤궁

사문은 태궁, 경문은 건궁

개문은 감궁, 휴문은 간궁 구궁외각 시계 방향으로 포국된다.

26. 태을 9성(일가 9성)

앞전의 천봉 9성과 태을 9성은 사용하는 9성이 다르다

천봉 9성은

천봉, 천임, 천충, 천보, 천영, 천예, 천주, 천심, 천금 9개 9성을 사용한다.

태을 9성은

태을, 섭제, 헌원, 초요, 천부, 청룡, 함지, 태음, 천을 9개 9성을 사용한다.

천봉 9성은 사주 시주를 기준하여 육의삼기가 이동하는 대로 포국 하였으나

태을 9성은 **사주 일주**를 기준하여 음둔 양둔을 구분하여

순행 역행 포국하게 된다.

태을 9성은 기문 학의 고전인 홍연진결에는 없으나

서책인 금함옥경도에 내용이 있다.

금함옥경도는 한 동굴에서 우연히 발견된 것을

제갈 공명이 보완하여 병법에 사용하게 된 것이다.

태을 9성의 길성은 태을, 청룡, 태음, 천을 4개의 9성을 길성으로 보게 된다.

출행, 도움, 성사 등의 방향을 결정할 시에 태을 9성의 길한 방향을 택하게 된다.

◉ 태을 9성의 원래 자리

초 요	천 을	섭 제
헌 원	천 부	함 지
태 음	태 을	청 룡

각 9성 해석의 대강

• 태을 ; 1백수성 감중련인 감궁의 수 오행으로 9성 중에 길한 9성이다.

　　　여행 출타 혼인 만남 영업 등의 도움을 받을 수 있는 방향으로 보게 된다.

- **섭제** ; 2흑토성 곤삼절인 곤궁의 토 오행으로 흉한 9성이다.
  중상모략 소란 비명 곡성 수양 감추고 저장하는 방향으로 보게 된다.

- **헌원** ; 3벽목성 진하련인 진궁의 목 오행으로 무난한 9성이다.
  관재구설 도적침입 소요 출입에 흉 여행중 고생의 방향으로 보게 된다.

- **초요** ; 4록목성 손하절인 손궁의 목 오행으로 흉한 9성이다.
  음해 싸움 불성 등의 방향으로 보게 된다.

- **천부** ; 5황토성 중궁의 토 오행으로 흉한 9성이다.
  구설 질병 여자의 중상모략 등의 방향으로 보게 된다.

- **청룡** ; 6백금성 건삼련인 건궁의 금 오행으로 길한 9성이다.
  도모성취 질병완쾌 재산증식 등의 길한 방향으로 보게 된다.

- **함지** ; 7적금성 태상절인 태궁의 금 오행으로 흉한 9성이다.
  질병 말썽 관재구설 손재 모략중상 등의 흉한 방향으로 보게 된다.

- **태음** ; 8백토성 간상련인 간궁의 토 오행으로 길한 9성이다.
  재물이익 이성만남 귀인도움 등의 길한 방향으로 보게 된다.

- **천을** ; 9자화성 이허중인 이궁의 화 오행으로 길한 9성이다.
  잔치 혼인 중매 재물 등의 길한 방향으로 보게 된다.

● 양둔 일주순수 원래 자리

양둔은 간궁에서 갑자 무로 순행한다.

甲 寅 癸	甲 戌 己	甲 午 辛
甲 辰 壬		
甲 子 戊	甲 申 庚	

● 음둔 일주순수 원래 자리

음둔은 곤궁에서 갑자 무로 역행한다.

	甲 申 庚	甲 子 戊
		甲 辰 壬
甲 午 辛	甲 戌 己	甲 寅 癸

태을 9성의 포국방법

1) 일주의 순수를 찾는다.

2) 일주의 순수가 양둔 음둔 원래 위치에서 순수인 부두가 시작하여
   일주가 닿는 궁에서 태을이 시작한다.

3) 양둔은 구궁 순행 포국하고 음둔은 구궁 역행 포국한다.

● 양둔 병인일

초 요	천 을	섭 제
헌 원	천 부	함 지
태 음	태 을	청 룡

양둔 병인일주 순수는 갑자 무가 되어 양둔 무가 있는
간궁에서 갑자가 먹고 을축은 이궁 병인은 감궁이 된다.
태을은 감궁, 섭제는 곤궁
헌원은 진궁, 초요는 손궁
천부는 중궁, 청룡은 건궁
함지는 태궁, 태음은 간궁
천을은 이궁, 구궁 순행 포국된다.

● 음둔 병인일

청 룡	태 을	태 음
함 지	천 부	헌 원
섭 제	천 을	초 요

음둔 병인일주 순수는 갑자 무가 되어 양둔 무가 있는 곤궁에서 갑자가 먹고
을축은 감궁 병인은 이궁이 된다.
태을은 이궁, 섭제는 간궁
헌원은 태궁, 초요는 건궁
천부는 중궁, 청룡은 손궁
함지는 진궁, 태음은 곤궁
천을은 감궁, 구궁 역행 포국된다.

● 양둔 신해일

초 요	천 을	섭 제
헌 원	천 부	함 지
태 음	태 을	청 룡

양둔 신해일주 순수는 갑진 임이 되어 양둔 임이 있는 진궁에서 갑진이 먹고
을사는 손궁 병오는 중궁 정미는 건궁 무신은 태궁 기유는 간궁 경술은 이궁
신해는 감궁이 된다.
태을은 감궁, 섭제는 곤궁
헌원은 진궁, 초요는 손궁
천부는 중궁, 청룡은 건궁
함지는 태궁, 태음은 간궁
천을은 이궁, 구궁 순행 포국된다.

● 음둔 신해일

청 룡	태 을	태 음
함 지	천 부	헌 원
섭 제	천 을	초 요

음둔 신해일주 순수는 갑진 임이 되어 음둔 임이 있는 태궁에서 갑진이 먹고
을사는 건궁 병오는 중궁 정미는 손궁 무신은 진궁 기유는 곤궁 경술은 감궁
신해는 이궁이 된다.
태을은 이궁, 섭제는 간궁
헌원은 태궁, 초요는 건궁
천부는 중궁, 청룡은 손궁
함지는 진궁, 태음은 곤궁
천을은 감궁, 구궁 역행 포국된다.

● 양둔 각 육십갑자 태을 9성도표

甲癸壬辛庚己戊
子酉午卯子酉午

청룡	섭제	초요
천부	함지	천을
태을	헌원	태음

乙甲癸壬辛庚己
丑戌未辰丑戌未

천부	태을	헌원
초요	청룡	태음
천을	섭제	함지

丙乙甲癸壬辛庚
寅亥申巳寅亥申

초요	천을	섭제
헌원	천부	함지
태음	태을	청룡

丁丙乙甲癸壬辛
卯子酉午卯子酉

헌원	태음	태을
섭제	초요	청룡
함지	천을	천부

戊丁丙乙甲癸壬
辰丑戌未辰丑戌

섭제	함지	천을
태을	헌원	천부
청룡	태음	초요

己戊丁丙乙甲癸
巳寅亥申巳寅亥

태을	청룡	태음
천을	섭제	초요
천부	함지	헌원

庚己戊丁丙乙
午卯子酉午卯

천을	천부	함지
태음	태을	헌원
초요	청룡	섭제

辛庚己戊丁丙
未辰丑戌未辰

태음	초요	청룡
함지	천을	섭제
헌원	천부	태을

壬辛庚己戊丁
申巳寅亥申巳

함지	헌원	천부
청룡	태음	태을
섭제	초요	천을

● 음둔 각 육십갑자 태을 9성도표

甲 癸 壬 辛 庚 己 戊
子 酉 午 卯 子 酉 午

태음	헌원	태을
천을	함지	천부
초요	섭제	청룡

乙 甲 癸 壬 辛 庚 己
丑 戌 未 辰 丑 戌 未

함지	섭제	천을
태음	청룡	초요
헌원	태을	천부

丙 乙 甲 癸 壬 辛 庚
寅 亥 申 巳 寅 亥 申

청룡	태을	태음
함지	천부	헌원
섭제	천을	초요

丁 丙 乙 甲 癸 壬 辛
卯 子 酉 午 卯 子 酉

천부	천을	함지
청룡	초요	섭제
태을	태음	헌원

戊 丁 丙 乙 甲 癸 壬
辰 丑 戌 未 辰 丑 戌

초요	태음	청룡
천부	헌원	태을
천을	함지	섭제

己 戊 丁 丙 乙 甲 癸
巳 寅 亥 申 巳 寅 亥

헌원	함지	천부
초요	섭제	천을
태음	청룡	태을

庚己戊丁丙乙
午卯子酉午卯

섭제	청룡	초요
헌원	태을	태음
함지	천부	천을

辛庚己戊丁丙
未辰丑戌未辰

태을	천부	헌원
섭제	천을	함지
청룡	초요	태음

壬辛庚己戊丁
申巳寅亥申巳

천을	초요	섭제
태을	태음	청룡
천부	헌원	함지

아래 기문포국은 1946년 8월 6일 사시생 평생국임

예1) 丁 戊 丙 丙   남
       巳 寅 申 戌   6/2변국, 음둔 처서하원 7국

72 62 52 42 32 22 12 2
甲 癸 壬 辛 庚 己 戊 丁
辰 卯 寅 丑 子 亥 戌 酉

시	연간, 월간 연공	월 연공 일공
2 편인丁 봉 무 겁　6 편재辛 천 두 -26-71　대록 개	7 정인乙 임 호 　　1 정재丙 유 상 -8-90　　왕　휴	4 식신壬 충 합 　　4 식신癸 귀 겹 -15-78　쇠병 생
3 정관己 심 지 　　5 겁재壬 화 개 -20-74 연, 욕 겹	록 　　6 편재 망　2 편인庚 -28-69	일간　일공 　　9 상관辛 보 음 역　9 상관戊 복 경 -45-62　사　상
세	시간	연
8 편관戊 주 천 　10 - 乙 생 사 -7-53　생양 사	5 겁재癸 예 부 　　3 정관丁 명 생 -11-83　태　경	10 비견丙 영 사 　　8 편관己 절 휴 -36-63 겹화, 절묘 두

상기 예1 사주에 **태을 9성**을 포국한다.

예1) 丁 戊 丙 丙　　남
　　　巳 寅 申 戌　　6/2변국, 음둔 처서하원 7국

72 62 52 42 32 22 12 2
甲 癸 壬 辛 庚 己 戊 丁
辰 卯 寅 丑 子 亥 戌 酉

시　　　**헌**	연간, 월간 연공 **함**	월 연공 일공 **부**
2 편인 丁 봉 무 겁　6 편재 辛 천 두 -26-71　　대록 개	7 정인 乙 임 호 1 정재 丙 유 상 -8-90　　왕 휴	4 식신 壬 충 합 4 식신 癸 귀 경 -15-78　　쇠병 생
초	**록　　섭**	일간　일공 **천**
3 정관 己 심 지 5 겁재 壬 화 개 -20-74 연, 욕 겸	6 편재 망　2 편인 庚 -28-69	9 상관 辛 보 음 역　9 상관 戊 복 경 -45-62　　사 상
세　　　**음**	시간　　　**청**	연　　　　**태**
8 편관 戊 주 천 10　－ 乙 생 사 -7-53　　생양 사	5 겁재 癸 예 부 3 정관 丁 명 생 -11-83　　태 경	10 비견 丙 영 사 8 편관 己 절 휴 -36-63겁 화, 절묘 두

음둔 무인일주 순수는 갑술 기가 되어 음둔 기가 있는 감궁에서 갑술이 먹고
을해는 이궁, 병자는 간궁, 정축은 태궁, 무인은 건궁이 된다.
태을은 건궁, 섭제는 중궁, 헌원은 손궁
초요는 진궁, 천부는 곤궁, 청룡은 감궁
함지는 이궁, 태음은 간궁, 천을은 태궁, 구궁 역행 포국된다.

아래 기문포국은 1941년 11월 2일 사시생 평생국임

64 54 44 34 24 14 4
癸 甲 乙 丙 丁 戊 己
巳 午 未 申 酉 戌 亥

연, 연간, 일간　일공		연공 마
5 편인戊 주 무	10 정인己 심 호	7 편관丁 봉 합
5 편인辛 생 두	10 정인丙 절 상	겁　3 편재癸 명 겹
-29-65　양생 겹	-15-90 연 욕 개	-20-78　대록 휴
록	월간	시　　연공
6 상관癸 예 지	9 비견	2 정관乙 임 음
4 겁재壬 복 개	1 식신庚	8 정재戊 화 경
-24-71　태 사	-30-60	-45-48　　왕 생
세	월, 시간	귀
1 식신丙 영 천	8 정재辛 보 부	3 편재壬 충 사
망 9 - 乙 천 사	2 정관丁 귀 생	7 편관己 유 휴
-9-46 겁 화, 절묘 경	-17-86　사 두	-37-51　병쇠 상

상기 예2 사주에 **태을 9성**을 포국한다.

64 54 44 34 24 14 4
癸　甲　乙　丙　丁　戊　己
巳　午　未　申　酉　戌　亥

연, 연간, 일간 일공 **함**	**섭**	연공 마 **천**
5 편인 戊 주 무	10 정인 己 심 호	7 편관 丁 봉 합
5 편인 辛 생 두	10 정인 丙 절 상	겁　3 편재 癸 명 겹
-29-65　　양 생 겹	-15-90 연 욕 개	-20-78　　대록 휴
록　**음**	월간　**청**	시　　연공 **초**
6 상관 癸 예 지	9 비견	2 정관 乙 임 음
4 겁재 壬 복 개	1 식신 庚	8 정재 戊 화 경
-24-71　　태 사	-30-60	-45-48　　왕 생
세　　**헌**	월, 시간　**태**	귀 **부**
1 식신 丙 영 천	8 정재 辛 보 부	3 편재 壬 충 사
망　9 - 乙 천 사	2 정관 丁 귀 생	7 편관 己 유 휴
-9-46 겁 화, 절묘 경	-17-86　　사 두	-37-51　　병쇠 상

음둔 신축일주 순수는 갑오 신이 되어 음둔 신이 있는 간궁에서 갑오가 먹고
을미는 태궁, 병신은 건궁, 정유은 중궁, 무술은 손궁, 기해는 진궁, 경자는 곤궁,
기해는 감궁이 된다.
태을은 감궁, 섭제는 이궁, 헌원은 간궁, 초요는 태궁
천부는 건궁, 청룡은 중궁, 함지는 손궁, 태음은 진궁
천을은 곤궁, 구궁 역행 포국된다.

아래 기문포국은 1954년 10월 9일 묘시생 평생국임

예3) 丁 甲 甲 甲　　남
卯 子 戌 午　　7/5변국, 음둔 입동상원 6국

61 51 41 31 21 11 1
辛 庚 己 戊 丁 丙 乙
巳 辰 卯 寅 丑 子 亥

274

연공 3 식신 乙 주 사 4 정인 庚 귀 개 -10-81 화 겁 묘절 휴	연, 시간 8 상관 戊 심 부 역　9 편인 丁 복 경 -45-59　　태　생	5 편관 癸 봉 천 망겁 2 정재 壬 천 상 -3-90　　양생 상
시, 연간　록 4 정인 壬 예 음 역　3 식신 辛 절 두 -6-85 연　사 개	월간　　마 7 편재 5 편관 己 -15-78	10 정관 丙 임 지 7 편재 乙 유 휴 -28-70 연, 욕 두
9 편인 丁 영 합 8 상관 丙 명 생 -36-68　　병쇠 경	세 6 겁재 庚 보 호 1 － 癸 생 사 -1-51　　왕 사	월, 일간　일공 1 비견 辛 충 무 겁망 6 겁재 戊 화 경 -21-71 겁 화 록대 경

상기 예3 사주에 **태을 9성**을 포국한다.

예3) 丁 甲 甲 甲 남
卯 子 戌 午 7/5변국, 음둔 입동상원 6국

61 51 41 31 21 11 1
辛 庚 己 戊 丁 丙 乙
巳 辰 卯 寅 丑 子 亥

연공 **음** 3 식신 乙 주 사 4 정인 庚 귀 개 -10-81 화 겁 묘절 휴	연, 시간 **헌** 8 상관 戊 심 부 역 9 편인 丁 복 경 -45-59 태 생	**태** 5 편관 癸 봉 천 망겁 2 정재 壬 천 상 -3-90 양생 상
시, 연간 록 **천** 4 정인 壬 예 음 역 3 식신 辛 절 두 -6-85 연 사 개	월간 마 **함** 7 편재 5 편관 己 -15-78	**부** 10 정관 丙 임 지 7 편재 乙 유 휴 -28-70 연, 욕 두
초 9 편인 丁 영 합 8 상관 丙 명 생 -36-68 병쇠 경	세 **섭** 6 겁재 庚 보 호 1 - 癸 생 사 -1-51 왕 사	월, 일간 일공 **청** 1 비견 辛 충 무 겁망 6 겁재 戊 화 경 -21-71 겁 화 록대 경

음둔 갑자일주 순수는 갑자 무가 되어 음둔 무가 있는 곤궁에서 갑자가 된다.
태을은 곤궁, 섭제는 감궁
헌원은 이궁, 초요는 간궁
천부는 태궁, 청룡은 건궁
함지는 중궁, 태음은 손궁
천을은 진궁, 구궁 역행 포국된다.

아래 기문포국은 1962년년 5월 27일 자시생 평생국임

57 47 37 27 17 7

庚 辛 壬 癸 甲 乙

子 丑 寅 卯 辰 巳

276

일공 연공 록	월	월간
1 정재 戊 영 합	6 편재 丙 예 음	3 정관 庚 주 사
7 정인 癸 절 경	망 2 편인 戊 생 두	5 겁재 丙 화 개
-33-68 대록 겹	-11-83 연 왕 개	-20-73 쇠병 휴
일간	연간 마	세, 시간
2 편인 癸 보 호	5 겁재	8 편관 辛 심 부
겁역 6 편재 丁 귀 휴	겁 3 정관 壬	10 - 庚 명 사
-26-70 연 욕 사	-36-67	-8-53 사 생
연	시 귀	
7 정인 丁 충 무	4 식신 己 임 지	9 상관 乙 봉 천
1 정재 己 유 겹	4 식신 乙 복 상	역망 9 상관 辛 천 생
-9-90 겹 화 생양 경	-15-77 태 두	-45-62 겹 화 절묘 상

상기 예4 사주에 **태을 9성**을 포국한다.

57 47 37 27 17 7
庚 辛 壬 癸 甲 乙
子 丑 寅 卯 辰 巳

일공 연공 록 **섭**	월　　　　　**청**	월간　　　　**초**
1 정재 戊 영 합	6 편재 丙 예 음	3 정관 庚 주 사
7 정인 癸 절 경	망　2 편인 戊 생 두	5 겁재 丙 화 개
-33-68　대록 경	-11-83 연 왕 개	-20-73　쇠병 휴
일간　　　　**헌**	연간　마　**태**	세, 시간　　**음**
2 편인 癸 보 호	5 겁재	8 편관 辛 심 부
겁역 6 편재 丁 귀 휴	겁　3 정관 壬	10 - 庚 명 사
-26-70 연 욕 사	-36-67	-8-53　　사 생
연　　　　**함**	시　귀　**부**	**천**
7 정인 丁 충 무	4 식신 己 임 지	9 상관 乙 봉 천
1 정재 己 유 경	4 식신 乙 복 상	역망 9 상관 辛 천 생
-9-90 겁 화 생양 경	-15-77　태 두	-45-62 겁 화 절묘 상

음둔 정유일주 순수는 갑오 신이 되어 음둔 신이 있는 간궁에서 갑오가 먹고
을미는 태궁, 병신은 건궁, 정유은 중궁이 된다.
태을은 중궁, 섭제는 손궁, 헌원은 진궁
초요는 곤궁, 천부는 감궁, 청룡은 이궁
함지는 간궁, 태음은 태궁, 천을은 건궁, 구궁 역행 포국된다.

아래 기문포국은 1917년 9월 30일 인시생 평생국임

예5) 戊 庚 辛 丁　　남
　　　寅 申 亥 巳　　6/3변국, 음둔 입동하원 3국

278

62 52 42 32 22 12 2
甲 乙 丙 丁 戊 己 庚
辰 巳 午 未 申 酉 戌

연	월간	세
2 정인 癸 주 천 　7 편인 乙 절 사 -18-87 겁 대록 상	7 편인 丁 심 지 겁 　2 정인 辛 생 경 -41-61 연 　왕 두	4 상관 庚 봉 무 　5 - 己 화 휴 -5-49 　쇠병 경
시간		귀
3 편관 己 예 부 역망 6 정재 戊 귀 생 -11-90 　욕 생	6 정재 겁역 3 편관 丙 -21-85	9 식신 壬 임 호 10 겁재 癸 명 경 -38-78 연 사 사
시　일공 연공 마	일간　일공 연공	월, 연간　　록
8 정관 辛 영 사 　1 편재 壬 유 개 -39-69 겁 화 생양 휴	5 비견 乙 보 음 　4 상관 庚 복 두 -45-54 　태 개	10 겁재 戊 충 합 망 9 식신 丁 천 상 -30-79 　절묘 경

상기 예5 사주에 **태을 9성**을 포국한다.

예5) 戊 庚 辛 丁　　남
　　 寅 申 亥 巳　　6/3변국, 음둔 입동하원 3국

62 52 42 32 22 12 2
甲 乙 丙 丁 戊 己 庚
辰 巳 午 未 申 酉 戌

연　　　　**청**	월간　　　　**태**	세　　　　**음**
2 정인 癸 주 천 7 편인 乙 절 사 -18-87 겁 대록 상	7 편인 丁 심 지 겁　2 정인 辛 생 경 -41-61 연 왕 두	4 상관 庚 봉 무 5 - 己 화 휴 -5-49　쇠병 경
시간　　　　**함**	**부**	귀　**헌**
3 편관 己 예 부 역망 6 정재 戊 귀 생 -11-90　욕 생	6 정재 겁역 3 편관 丙 -21-85	9 식신 壬 임 호 10 겁재 癸 명 겹 -38-78 연 사 사
시 일공 연공 마 **섭**	일간 일공 연공 **천**	월, 연간　록 **초**
8 정관 辛 영 사 1 편재 壬 유 개 -39-69 겁 화 생양 휴	5 비견 乙 보 음 4 상관 庚 복 두 -45-54　태 개	10 겁재 戊 충 합 망　9 식신 丁 천 상 -30-79　절묘 겹

음둔 경신일주 순수는 갑인 계가 되어 음둔 계가 있는 건궁에서 갑인이 먹고
을묘는 중궁, 병진은 손궁, 정사는 진궁, 무오는 곤궁, 기미는 감궁,
경신은 이궁이 된다.
태을은 이궁, 섭제는 간궁, 헌원은 태궁
초요는 건궁, 천부는 중궁, 청룡은 손궁
함지는 진궁, 태음은 곤궁, 천을은 감궁, 구궁 역행 포국된다.

27. 대국과 간상입중국

해당해의 대한민국 국운을 추리 판단하기 위하여 간상입중국을 사용하게 된다.
해당해의 국운을 추단하는 방법은 기문둔갑이 제일이다.

#간상입중국 포국방법

1) 당해 1월 1일을 기준으로 3주를 세운다.
2) 3주로 천 지반홍국수와 지반육의삼기 일가 8문만 포국한다.
   평생국과 동일한 방법으로 포국하되 간궁에만 포국하여도 된다.
3) 간궁에 있는 천 지반홍국수를 중궁에 입중하여
   평생국과 동일한 방법으로 포국한다.
4) 간궁에 있는 지반육의삼기를 중궁에 입중하여
   지반육의삼기를 양둔 순서대로 구궁 순행 포국한다.
5) 천반 육의삼기는 일주 순수를 찾아 일간위에 올려 포국한다.
6) 간궁에 있는 지반수를 중궁에 입중하여
   중궁지반수를 기준으로 8괘를 포국한다.
7) 간궁에 있는 일가 8문을 중궁에 입중하여
   중궁8문을 감궁으로 이동하여 8문 순서대로 순행 포국한다.
8) 일주를 기준하여 태을 9성(일가 9성)을 양둔 순행 포국한다.
   일반적으로 천봉9성을 포국하나 필자는 일가9성을 사용한다.

2008년 **대국과 간상입중국**을 포국하면

丁 甲 戊
丑 寅 子   1/6변국, 양둔 입춘 하원 2국

■ 대국

7 10 庚 개	2 5 丙 휴	9 8 戊 경
8 9 己 두	1 6 辛	4 3 癸 경
3 4 丁 사	10 7 乙 생	5 2 壬 상

상기 대국을 간상 입중 국으로 바꾼다.

상기 대국중 간궁에 있는 천 지반홍국수와 지반육의삼기 8문을 중궁에 입중 한다.

■ 간상입중국

7 10 庚 개	4 癸 함 3 己 복 경	공 1 己 천 6 辛 천 휴
10 戊 태 7 壬 절 개	3 헌 4 丁 (사)	공 6 辛 부 1 乙 유 상
세월 5 庚 청 2 戊 명 생	연 2 丙 음 5 庚 생 사	7 乙 초 10 丙 화 경

대국 기문국의 간궁에 있는 천반홍국수3과 지반홍국수4를 중궁에
입중하여 지반수는 순행 포국하고 천반수는 역행 포국한다.
대국 간궁에 있는 지반 육의삼기 정을 중궁에 입중하여 순행 포국한다.
천반육의삼기는 일주 정축 순수는 갑술 기이므로
丁위에 己가 올라가서 포국된다.
8괘는 간상입중국의 중궁 수4인 손괘로 변화하면서 8괘를 포국한다.
대국 간궁에 있는 8문인 사문을 중궁에 입중하여 사문을 감궁으로 내려
양둔 8문 포국 대로 일정한 순서로 포국한다.
일가9성(태을 9성)은 일주 정축은 순수가 갑술 기가 되어 양둔은
갑술은 이궁 을해는 감궁
병자는 곤궁 정축은 진궁이 되므로
태을은 진궁
섭제는 손궁
헌원은 중궁
초요는 건궁
천부는 태궁
청룡은 간궁
함지는 이궁
태음은 감궁
천을은 곤궁으로 포국된다.

1974년을 **대국과 간상입중국**을 포국하게 되면

甲 乙 甲
子 丑 寅   4/6변국, 양둔 대한 상원3국

■ 대국

10 10 己 두	5 5 丁 경	2 8 乙 휴
1 9 戊 개	4 6 庚	7 3 壬 상
6 4 癸 생	3 7 丙 사	8 2 辛 경

상기 대국을 간상입중국으로 포국하게 되면

■ 간상입중국

2 壬 청 8 壬 귀 개	7 戊 섭 3 戊 복 휴	4 庚 초 6 庚 천 경
3 辛 부 7 辛 절 두	6 함 4 계 (생)	9 丙 천 1 丙 유 경
연월 8 乙 태 2 乙 명 사	세 5 己 헌 5 己 생 생	10 丁 음 10 丁 화 상

대국 기문국의 간궁에 있는 천반홍국수6과 지반홍국수4를 중궁에 입중하여
지반수는 순행 포국하고 천반수는 역행 포국한다.

대국 간궁에 있는 지반 육의삼기 계를 중궁에 입중하여 순행 포국한다.

천반육의삼기는 일주 갑자 순수는 갑자 무이므로

戊위에 戊가 올라가서 포국된다.

8괘는 간상입중국의 중궁지반수4인 손괘로 변화하면서 8괘를 포국한다.

대국 간궁에 있는 8문인 생문을 중궁에 입중하여 생문을 감궁으로 내려

양둔 8문포국 대로 일정한 순서로 포국한다.

일가9성(태을 9성)은 일주 갑자는 순수가 갑자 무가 되어

양둔 갑자는 간궁이 된다.

태을은 간궁

섭제는 이궁

헌원은 감궁

초요는 곤궁

천부는 진궁

청룡은 손궁

함지는 중궁

태음은 건궁

천을은 태궁으로 포국된다.

복음격이다.

1979년을 **대국과 간상입중국**을 포국하게 되면

乙 乙 己
未 丑 未   1/9변국, 양둔 대한 상원3국

■ 대국

7 3 己 생	2 8 丁 상	9 1 乙 겁
8 2 戊 사	1 9 庚	4 6 壬 휴
3 7 癸 개	10 10 丙 두	5 5 辛 경

상기 대국을 간상입중국으로 포국하게 되면

■ 간상입중국

공 9 戊 섭 1 壬 유 사	4 庚 함 6 戊 천 경	세연 1 丙 천 9 庚 복 상
10 壬 태 10 辛 명 생	3 헌 7 癸 (개)	6 丁 부 4 丙 귀 경
월 5 辛 청 5 乙 절 두	2 乙 음 8 己 화 개	7 己 초 3 丁 생 휴

대국 기문국의 간궁에 있는 천반홍국수 3과 지반홍국수 7을 중궁에 입중하여

지반수는 순행 포국하고 천반수는 역행 포국한다.

대국 간궁에 있는 지반 육의삼기 계를 중궁에 입중하여 순행 포국한다.

천반육의삼기는 일주 을미 순수는 갑오 신이므로

乙위에 辛이 올라가서 포국된다.

8괘는 간상입중국의 중궁지반수 7인 태괘로 변화하면서 8괘를 포국한다.

대국 간궁에 있는 8문인 개문을 중궁에 입중하여 생문을 감궁으로 내려

양둔 8문포국 대로 일정한 순서로 포국한다.

일가9성(태을 9성)은 일주 을미는 순수가 갑오 신이 되어

양둔 갑오 신은 곤궁이 된다.

곤궁에 갑오 진궁에 을미가 된다.

진궁에서 태을이 시작한다.

태을은 진궁

섭제는 손궁

헌원은 중궁

초요는 건궁

천부는 태궁

청룡은 간궁

함지는 이궁

태음은 감궁

천을은 곤궁으로 포국된다.

2009년을 **대국과 간상입중국**을 포국하게 되면

辛 乙 己
未 표 표　　7/3변국, 양둔 대한 중원9국

■ 대국

3 7 壬 생	8 2 戊 상	5 5 庚 겸
4 6 辛 사	7 3 癸	10 10 丙 휴
9 1 乙 개	6 4 己 두	1 9 丁 경

상기 대국을 간상입중국으로 포국하게 되면

■ 간상입중국

		세
5 己 음 5 丙 생 사	10 戊 초 10 辛 절 겸	7 壬 청 3 癸 명 상
6 癸 함 4 丁 복 생	9 천 1 乙 (개)	2 庚 섭 8 己 화 경
연 월 1 辛 헌 9 庚 천 두	8 丙 부 2 壬 귀 개	3 丁 태 7 戊 유 휴

대국 기문국의 간궁에 있는 천반홍국수 9와 지반홍국수 1을 중궁에 입중하여

지반수는 순행 포국하고 천반수는 역행 포국한다.

대국 간궁에 있는 지반 육의삼기 乙을 중궁에 입중하여 순행 포국한다.

천반육의삼기는 일주 신미 순수는 갑자 무이므로

辛위에 戊가 올라가서 포국된다.

8괘는 간상입중국의 중궁지반수 1인 감괘로 변화하면서 8괘를 포국한다.

대국 간궁에 있는 8문인 개문을 중궁에 입중하여 생문을 감궁으로 내려

양둔 8문포국 대로 일정한 순서로 포국한다.

일가9성(태을 9성)은 일주 신미는 순수가 갑자 무가 되어

양둔 갑자 무는 간궁이 된다.

간궁에 갑자 이궁에 을축 감궁에 병인 곤궁에 정묘 진궁에 무진 손궁에 기사

중궁에 경오 건궁에 신미가 된다.

건궁에서 태을이 시작한다.

태을은 건궁

섭제는 태궁

헌원은 간궁

초요는 이궁

천부는 감궁

청룡은 곤궁

함지는 진궁

태음은 손궁 천을은 중궁으로 포국된다.

28. 길한 시간 선택

천봉9성 중에서 천보 궁에 닿는 시간을 선택하게 된다.
천보 성은 귀인의 도움이 있는 9성으로 천보에 닿는 시간을 선택하여
도움을 요청하게 되면 도움을 받을 수가 있게 된다.

천보 궁을 찾는 방법

■ 음력 6월 14일 정사일 음둔2국이라면

<table>
<tr><td>未시
丙
무술</td><td>인
庚</td><td>자
戊
<u>경자</u></td></tr>
<tr><td>乙
기해</td><td>오
丁
정유</td><td>진
壬
을미</td></tr>
<tr><td>묘
辛
<u>갑오</u></td><td>축
己</td><td>사
癸
병신</td></tr>
</table>

1) 정사일은 경자 시로 시작시가 된다.

2) 경자 시의 순수는 갑오 신이 된다.

3) 지반 육의삼기 신이 있는 궁에서 부두 갑오가 시작하여 지반 육의삼기를 따라

   갑오는 간궁

   을미는 태궁

   병신은 건궁

   정유는 중궁

무술은 손궁

기해는 진궁

경자는 곤궁으로 시작시인 경자시가 곤궁에 머물게 된다.

4) 곤궁에서 자시

감궁에서 축시

이궁에서 인시

간궁에서 묘시

태궁에서 진시

건궁에서 사시

중궁에서 오시

손궁에서 **미**시가 되어 **미**시에 도움을 요청하면

도움을 받을 수가 있게 된다.

■ 정사일 양둔2국이라면

寅시 亥시 庚	미 丙 무술	자, 유 戊 <u>경자</u>
축 술 己	묘 辛 <u>갑오</u>	사 癸 병신
오 丁 정유	신 乙 기해	진 壬 을미

1) 정사일은 경자 시로 시작시가 된다.

2) 경자 시의 순수는 갑오 신이 된다.

3) 지반 육의삼기 신이 있는 궁에서 부두 갑오가 시작하여 지반 육의삼기를 따라

　갑오는 중궁

　을미는 건궁

　병신은 태궁

　정유는 간궁

　무술은 이궁

　기해는 감궁

　경자는 곤궁으로 시작시인 경자시가 곤궁에 머물게 된다.

4) 곤궁에서 자시

　진궁에서 축시

　손궁에서 **인**시

　중궁에서 묘시

　건궁에서 진시

　태궁에서 사시

　간궁에서 오시

　이궁에서 미시

　감궁에서 신시

　곤궁에서 유시

　진궁에서 술시

　손궁에서 **해**시가 되어 **인**시와 **해**시에 도움을 요청하면

　도움을 받을 수가 있게 된다

■ 무진일 양둔8국이라면

寅時 亥時 癸 을사	미 己 경술	자, 유 辛 <u>임자</u>
축, 술 壬 <u>갑진</u>	묘 丁 병오	사 乙 무신
오 戊 기유	신 庚 신해	진 丙 정미

1) 무진일은 임자 시로 시작시가 된다.

2) 임자 시의 순수는 갑진 임이 된다.

3) 지반 육의삼기 임이 있는 궁에서 부두 갑진이 시작하여 지반 육의삼기를 따라

　갑진는 진궁

　을사는 손궁

　병오는 중궁

　정미는 건궁

　무신은 태궁

　기유는 간궁

　경술은 이궁

　신해는 감궁

　임자는 곤궁으로 시작시인 임자시가 곤궁에 머물게 된다.

4) 곤궁에서 자시

　진궁에서 축시

손궁에서 **인시**

중궁에서 묘시

건궁에서 진시

태궁에서 사시

간궁에서 오시

이궁에서 미시

감궁에서 신시

곤궁에서 유시

진궁에서 술시

손궁에서 **해시**가 되어 **인시**와 **해시**에 도움을 요청하면

도움을 받을 수가 있게 된다

■ 무진일 음둔8국이라면

표시 戌시 壬 <u>갑진</u>	사 乙 무신	묘 丁 병오
인 癸 을사	자, 유 辛 <u>임자</u>	미 己 경술
오 戊 기유	진 丙 정미	신 庚 신해

1) 무진일은 임자 시로 시작시가 된다.

2) 임자 시의 순수는 갑진 임이 된다.

3) 지반 육의삼기 임이 있는 궁에서 부두 갑진이 시작하여 지반 육의삼기를 따라

갑진는 손궁

을사는 진궁

병오는 곤궁

정미는 감궁

무신은 이궁

기유는 간궁

경술은 태궁

신해는 건궁

임자는 중궁으로 시작시인 임자시가 곤궁에 머물게 된다.

4) 중궁에서 자시

손궁에서 **축**시

진궁에서 인시

곤궁에서 묘시

감궁에서 진시

이궁에서 사시

간궁에서 오시

태궁에서 미시

건궁에서 신시

중궁에서 유시

손궁에서 **술**시가 되어 **축**시와 **술**시에 도움을 요청하면

도움을 받을 수가 있게 된다

■ 신축일 양둔7국이라면

子時 酉時 丁 무자	사 庚 갑신	미 壬 병술
신 癸 정해	축 丙	묘 戊
진 己	오 辛 을유	인 乙

1) 신축일은 무자 시로 시작시가 된다.

2) 무자 시의 순수는 갑신 경이 된다.

3) 지반 육의삼기 경이 있는 궁에서 부두 갑신이 시작하여 지반 육의삼기를 따라

  갑신는 이궁

  을유는 감궁

  병술는 곤궁

  정해는 진궁

  무자는 손궁으로 시작시인 무자시가 손궁에 머물게 된다.

4) **손**궁에서 **자**시

  중궁에서 축시

  건궁에서 인시

  태궁에서 묘시

  간궁에서 진시

  이궁에서 사시

감궁에서 오시
곤궁에서 미시
진궁에서 신시
손궁에서 **유시**가 되어 **자시**와 **유시**에 도움을 요청하면
도움을 받을 수가 있게 된다.

■ 신축일 음둔7국이라면

午시 辛 을유	축 丙	癸 정해
壬 병술	사 庚 <u>갑신</u>	묘 戊
인 丁	자 乙 <u>무자</u>	진 己

1) 신축일은 무자 시로 시작시가 된다.

2) 무자 시의 순수는 갑신 경이 된다.

3) 지반 육의삼기 경이 있는 궁에서 부두 갑신이 시작하여 지반 육의삼기를 따라

    갑신는 중궁

    을유는 손궁

    병술는 진궁

    정해는 곤궁

    무자는 감궁으로 시작시인 무자시가 감궁에 머물게 된다.

4) 감궁에서 **자**시

   이궁에서 축시

   간궁에서 인시

   태궁에서 묘시

   건궁에서 진시

   중궁에서 사시

   손궁에서 **오**시가 되어 **오**시에 도움을 요청하면

   도움을 받을 수가 있게 된다.

29. 길흉 방위 선택

일가 8문중에 각 8문에 대한 장점과 단점의 속성 대로 방위를 선택한다.
추명명리에서 길한 방위를 용신 등 여러 가지로 방위를 선택하여 주게 되나
기문둔갑보다 정확하고 상세하지는 못하다고 하겠다.
방위 학으로서는 기문둔갑보다 좋은 학문이 없다.

■ 각 8문의 길흉

• 생문 방위

길; 전진, 공직 진출, 여행, 혼인, 혼처, 이득, 출병, 개업 등의 길한 방위이다.
흉; 매장, 초상, 이장 등에는 흉한 방위이다.

• 상문 방위

길; 채권 회수, 한약 방면, 병원 선택, 사냥, 포획 등에 길한 방위이다
흉; 낙상, 손상, 음해, 사기, 초조, 상해 등을 당할 수가 있는 흉한 방위이다.

• 두문 방위

길; 은둔, 어류 포획, 지킴, 약초채집, 숨고, 감추고, 피하는 등에 길한 방위이다.
흉; 모든 일에 불리하여 두문불출이 좋으며 흉한 방위이다.

• 경문 방위

길; 문서, 잔치, 문서허가, 청탁, 상사와 교제, 오락, 유흥, 시험, 연회 등에 길한
　　방위이다.
흉; 방탕, 재산손실, 사치, 낭비, 허영 등이 있을 흉한 방위이다.

• 사문 방위

 길; 매장, 초상, 이장, 사냥, 포획 등에 길한 방위이다.

 흉; 전진, 공직진출, 여행, 혼인, 혼처, 이득, 출병, 개업 등에 좋지 못한 방위이
     다.

• <u>경문</u> 방위

 길; 범인 체포, 도박, 송사 해결, 변호사 선임, 사냥 등에 길한 방위이다.

 흉; 소송, 구설, 다툼, 사업 실패, 명예 실추 등이 있을 흉한 방위이다.

• 개문 방위

 길; 개업, 개시, 이사, 사업, 확장, 매매 등에 길한 방위이다.

 흉; 염탐, 조사, 미행 등에는 발각이 되므로 좋지 못한 방위이다.

• 휴문 방위

 길; 귀인 만남, 매매, 부임, 이주, 재물, 영화 등에 길한 방위이다.

 흉; 문서, 잔치, 허가 등에는 좋지 못한 방위이다.

각 8문이 득궁 득령 득지를 하면 길한 기운이 생기게 되나

각 8문이 실궁 실령 실지하면 길한 기운이 나타나지 않는 것으로 보게 된다.

8문이 궁 오행을 극하는 것은 무방하고

궁 오행이 8문을 극하는 것은 해롭다고 보게 된다.

범인체포 도박 송사해결에 좋은 방위; 경문

■ 음둔2국 무오일

丙　사	庚　경	戊　휴
乙　생	丁	壬　경
辛　개	己　두	癸　상

음둔2국이므로 곤궁에서 지반육의삼기가 구궁 역행 포국된다.

일진 무오일은 임 자원이므로 간궁에서 출발하면 일주가 진궁에 닿는다.

진궁에서 생문이 시작하여 일정한 순서로 음둔 역행 포국된다.

경문이 태궁에 닿으므로 범인체포 도박 송사해결 등에

서쪽방위가 길한 방위이다.

경문의 득지 득궁 득령을 보아서 판단하여야 한다.

범인체포 송사해결 도박에 좋은 방위; 경문

■ 양둔2국 무오일

庚　생	丙　상	戊　경
己　사	辛	癸　휴
丁　개	乙　두	壬　경

양둔2국이므로 곤궁에서 지반육의삼기가 구궁 순행 포국된다.

일진 무오일은 임 자원이므로 간궁에서 출발하면 일주가 손궁에 닿는다.

손궁에서 생문이 시작하여 일정한 순서로 양둔 순행 포국된다.

경문이 곤궁에 닿으므로 범인체포 도박 송사해결 등에

서남쪽 방위가 길한 방위이다.

경문의 득지 득궁 득령을 보아서 판단하여야 한다.

피하고 숨고 어류포획 은둔에 좋은 방위; 두문

■ 음둔2국 병진일

丙 경	庚 사	戊 생
乙 상	丁	壬 개
辛 휴	己 경	癸 두

음둔2국이므로 곤궁에서 지반육의삼기가 구궁 역행 포국된다.

일진 병진일은 임 자원이므로 간궁에서 출발하면 일주가 곤궁에 닿는다.

곤궁에서 생문이 시작하여 일정한 순서로 음둔 역행 포국된다.

두문이 건궁에 닿으므로 서북간방위가 피하고 숨고 은둔하기 좋은 방위이나

궁 오행이 극하므로 지역이 좋지 못하여 좋은 방위라 할 수가 없겠다.

두문의 득지 득궁 득령을 보아서 판단하여야 한다.

피하고 숨고 어류포획 은둔에 좋은 방위; 두문

■ 양둔2국 병진일

庚 상	丙 두	戊 개
己 경	辛	癸 생
丁 휴	乙 경	壬 사

양둔2국이므로 곤궁에서 지반육의삼기가 구궁 순행 포국된다.

일진 병진일은 임 자원이므로 간궁에서 출발하면 일주가 태궁에 닿는다.

태궁에서 생문이 시작하여 일정한 순서로 양둔 순행 포국된다.

두문이 이궁에 닿으므로 남쪽방위가 피하고 숨고 은둔하기 좋은 방위이다.

두문의 득지 득궁 득령을 보아서 판단하여야 한다.

물건매매 개업 출병에 좋은 방위; 개문과 휴문

■ 양둔7국 무술일

丁 **휴**	庚 생	壬 사
癸 경	丙	戊 **개**
己 겸	辛 상	乙 두

양둔7국이므로 태궁에서 지반육의삼기가 구궁 순행 포국된다.

일진 무술일은 무 자원이므로 간궁에서 출발하면 일주가 이궁에 닿는다.

이궁에서 생문이 시작하여 일정한 순서로 양둔 순행 포국된다.

개문과 휴문이 태궁과 손궁에 닿으므로 서쪽과 동남간방위로

매매물건 개업 출병 등에 길한 방위이다. 서쪽 방위가 더 좋다.

개문과 휴문의 득지 득궁 득령을 보아서 판단하여야 한다.

302

물건매매 개업 출병에 좋은 방위; 개문과 휴문

■ 음둔7국 무술일

辛 경	丙 두	癸 **개**
壬 **휴**	庚 상	戊 사
乙 겸	丁 상	己 생

음둔7국이므로 태궁에서 지반육의삼기가 구궁 역행 포국된다.

일진 무술일은 무 자원이므로 간궁에서 출발하면 일주가 건궁에 닿는다.

건궁에서 생문이 시작하여 일정한 순서로 음둔 역행 포국된다.

개문과 휴문이 곤궁과 진궁에 닿으므로 서남간방위와 동쪽방위로

매매물건 개업 출병 등에 길한 방위이다. 서남간방위가 더 좋다.

개문과 휴문의 득지 득궁 득령을 보아서 판단하여야 한다.

혼처에 길한 방위; 생문

■ 양둔6국 계해일

丙 　휴	辛 　**생**	癸 　사
丁 　경	乙	己 　개
庚 　죠	壬 　상	戊 　두

양둔6국이므로 건궁에서 지반육의삼기가 구궁 순행 포국된다.

일진 계해일은 임 자원이므로 간궁에서 출발하면 일주가 이궁에 닿는다.

이궁에서 생문이 시작하여 일정한 순서로 양둔 순행 포국된다.

생문이 이궁에 닿으므로 남쪽방향에서 혼처가 길한 방위이다.

생문의 득지 득궁 득령을 보아서 판단하여야 한다.

혼처에 길한 방위; 생문

■ 음둔6국 계해일

庚 　경	丁 　두	壬 　개
辛 　휴	己	乙 　사
丙 　죠	癸 　상	戊 　**생**

음둔6국이므로 건궁에서 지반육의삼기가 구궁 역행 포국된다.

일진 계해일은 임 자원이므로 간궁에서 출발하면 일주가 건궁에 닿는다.

건궁에서 생문이 시작하여 일정한 순서로 음둔 역행 포국된다.

생문이 건궁에 닿으므로 서북간방향에서 혼처가 길한 방위이다.

생문의 득지 득궁 득령을 보아서 판단하여야 한다.

■ 양둔9국 신축일

壬　개	戊　휴	庚　**경**
辛　두	癸	丙　겸
乙　사	己　생	丁　상

양둔9국이므로 이궁에서 지반육의삼기가 구궁 순행 포국된다.

일진 신축일은 경 자원이므로 감궁에서 출발하면 일주가 감궁에 닿는다.

감궁에서 생문이 시작하여 일정한 순서로 양둔 순행 포국된다.

경문이 곤궁에 닿으므로 서남간 방위로 허가 신청, 서류 제출, 관광, 시험 등에 길한 방위이다.

경문의 득지 득궁 득령을 보아서 판단하여야 한다.

허가신청 서류제출 관광 시험에 길한 방위; 경문

■ 음둔9국 신축일

癸　두	戊　상	병　겸
丁　개	壬	庚　**경**
己　사	乙　생	辛　휴

음둔9국이므로 이궁에서 지반육의삼기가 구궁 역행 포국된다.

일진 신축일은 경 자원이므로 감궁에서 출발하면 일주가 감궁에 닿는다.

감궁에서 생문이 시작하여 일정한 순서로 음둔 역행 포국된다.

경문이 태궁에 닿으므로 서쪽 방위로 허가 신청, 서류 제출, 관광, 시험 등에 길한 방위이다.

경문의 득지 득궁 득령을 보아서 판단하여야 한다.

채권회수 사냥 병원선택 등에 좋은 방위; 상문

■ 양둔5국 무인일

乙 개	壬 휴	丁 경
丙 두	戊	庚 겼
辛 사	癸 생	己 **상**

양둔5국이므로 중궁에서 지반육의삼기가 구궁 순행 포국된다.

일진 무인일은 병 자원이므로 감궁에서 출발하면 일주가 감궁에 닿는다.

감궁에서 생문이 시작하여 일정한 순서로 양둔 순행 포국된다.

상문이 건궁에 닿으므로 서북간 방위로 채권 회수, 사냥, 병원 선택 등에

길한 방위이나 궁 오행이 극하므로 지역이 좋지 못하여

좋은 방위라 할 수가 없겠다.

상문의 득지 득궁 득령을 보아서 판단하여야 한다.

채권회수 사냥 병원선택 등에 좋은 방위; 상문

■ 음둔5국 무인일

己 두	癸 **상**	辛 겼
庚 개	戊	丙 경
丁 사	壬 생	乙 휴

음둔5국이므로 중궁에서 지반육의삼기가 구궁 역행 포국된다.

일진 무인일은 병 자원이므로 감궁에서 출발하면 일주가 감궁에 닿는다.

감궁에서 생문이 시작하여 일정한 순서로 음둔 역행 포국된다.

상문이 이궁에 닿으므로 남쪽 방위로 채권 회수, 사냥, 병원 선택 등에

길한 방위이다.

상문의 득지 득궁 득령을 보아서 판단하여야 한다.

매장 이장 사냥에 좋은 방위; 사문

■ 양둔1국 경신일

辛 생	乙 상	己 경
庚 **사**	壬	丁 휴
丙 개	戊 두	癸 경

양둔1국이므로 감궁에서 지반육의삼기가 구궁 순행 포국된다.

일진 경신일은 임 자원이므로 간궁에서 출발하면 일주가 손궁에 닿는다.

손궁에서 생문이 시작하여 일정한 순서로 양둔 순행 포국된다.

사문이 진궁에 닿으므로 동쪽 방위로 매장, 이장, 사냥 등에 길한 방위이나

궁 오행이 극하므로 지역이 좋지 못하여 좋은 방위라 할 수가 없겠다.

사문의 득지 득궁 득령을 보아서 판단하여야 한다.

매장 이장 사냥에 좋은 방위; 사문

■ 음둔1국 경신일

丁 **사**	己 경	乙 휴
丙 생	癸	辛 경
庚 개	戊 두	壬 상

음둔1국이므로 감궁에서 지반육의삼기가 구궁 역행 포국된다.

일진 경신일은 임 자원이므로 간궁에서 출발하면 일주가 진궁에 닿는다.

진궁에서 생문이 시작하여 일정한 순서로 음둔 역행 포국된다.

사문이 손궁에 닿으므로 동남간 방위로 매장, 이장, 사냥 등에 길한 방위이나

궁 오행이 극하므로 지역이 좋지 못하여 좋은 방위라 할 수가 없겠다.

사문의 득지 득궁 득령을 보아서 판단하여야 한다.

30. 택일

사주팔자의 월국을 포국하여 일진을 선택하는 것이 길일 선택이 된다.

생기 복덕은 나이에 따라 구궁에 의하여 만들어진 것이므로

각 개인의 사주와는 다소의 차이가 난다하겠다.

생기 천의 복덕 궁의 일진을 택일에 사용하게 된다.

화해 절명 궁의 일진을 택일에 피하게 된다.

아래 기문포국은 1946년 8월 6일 사시생 평생국임

예1) 丁 戊 丙 丙　　남
　　　巳 寅 申 戌　　6/2변국, 음둔 처서하원 7국

72 62 52 42 32 22 12 2

甲 癸 壬 辛 庚 己 戊 丁

辰 卯 寅 丑 子 亥 戌 酉

시	연간, 월간 연공	월 연공 일공
2 편인 丁 봉 무	7 정인 乙 임 호	4 식신 壬 충 합
겁 6 편재 辛 천 두	1 정재 丙 유 상	4 식신 癸 귀 경
-26-71　　대록	-8-90　　왕	-15-78　　쇠병
3 정관 己 심 지	6 편재	일간　일공
5 겁재 壬 화 개	망 2 편인 庚	9 상관 辛 보 음
-20-74 연　욕	-28-69	역 9 상관 戊 복 경
		-45-62　　사
세	시간	연
8 편관 戊 주 천	5 겁재 癸 예 부	10 비견 丙 영 사
10 - 乙 생 사	3 정관 丁 명 생	8 편관 己 절 휴
-7-53　　생양	-11-83　　태	-36-63 겁, 화 절묘

상기 예1 사주에 **10월 택일**을 포국하여 보겠다.

1946년 8월 6일 사시생을 2002년 10월 월국을 포국하려면

2002년 10월 6일 사시생으로 사주를 세워 월국을 포국하면 다음과 같다.

乙 壬 辛 壬　　남
巳 午 亥 午　　1/5변국, 음둔 입동상원 6국

시	세 연	연간 일간 일연공 귀
7辛 충 합	2庚 보 음	9丁 영 사
4庚 귀 생	역　9丁 복 휴	망　2壬 천 겹
4,5,16,17,28,29 생양	6,18　　욕	7,8,19,20　대록
월간		시간　일연공
8丙 임 호	1	4壬 예 부
3辛 절 사	5己	7乙 유 상
3,15,27 연 태		9,21　　왕
	마	월　　록
3癸 봉 무	10戊 심 지	5乙 주 천
8丙 명 두	1癸 생 개	겹　6戊 화 경
26,25,14,13,2,1 절묘	12,24　　사	23,22,11,10 겹화 병쇠

8괘중에 생기가 있는 궁은 감궁이다. 감궁에 지지는 子가 되어 10월에
자날이 생기가 되므로 10월에는 12일, 24일이 생기에 해당하여 길일이 된다.
천의가 있는 궁은 곤궁이다. 곤궁에 지지는 未와 申이 되어 10월에 미와 신날이
천의가 되므로 10월에는 7일, 8일, 19일, 20일이 천의에 해당하여 길일이 된다.
복덕이 있는 궁은 이궁이다.
이궁에 지지는 午가 되어 10월에 오날이 복덕이 되므로 10월에는 6일 18일이
복덕에 해당하여 길일이 된다.
10월 택일은 6, 7, 8, 12, 18, 19, 20, 24일이 길일이 된다.

아래 기문포국은 1941년 11월 2일 유시생 평생국임

예2) 丁 辛 庚 辛　　남
　　　 酉 丑 子 巳　　9/1변국, 음둔 윤 대설중원 7국

64 54 44 34 24 14 4

癸 甲 乙 丙 丁 戊 己

巳 午 未 申 酉 戌 亥

연, 연간, 일간　일공 　5 편인戊 주 무 　5 편인辛 생 두 -29-65양생	10 정인己 심 호 10 정인丙 절 상 -15-90　연　욕	연공 마 7 편관丁 봉 합 겁　3 편재癸 명 겹 -20-78　　대록
록 6 상관癸 예 지 4 겁재壬 복 개 -24-71　　태	월간 　9 비견 　1 식신庚 -30-60	시　　연공 2 정관乙 임 음 8 정재戊 화 경 -45-48　　왕
세 　1 식신丙 영 천 망　9 － 乙 천 사 -9-46 겁, 화 절묘	월, 시간 8 정재辛 보 부 2 정관丁 귀 생 -17-86　　사	3 편재壬 충 사 7 편관己 유 휴 -37-51　　병쇠

상기 예2 사주에 **10월 택일**을 포국하여 보겠다.

1941년 11월 2일 유시생을 2007년 10월 월국을 포국하려면

2007년 10월 2일 유시생으로 사주를 세워 월국을 포국하면 다음과 같다.

癸 己 辛 丁　　남
酉 酉 亥 亥　　6/4변국, 음둔 소설 상원 5국

<table>
<tr>
<td>일간

　　7 계 영 사
　　2 기 명 휴
9,10,21,22　　대록</td>
<td>시간　연공　록

　　2 무 예 부
　　7 계 화 개
11,23　　　　왕</td>
<td>월간　　연공

　　9 병 주 천
　　10 신 생 두
1,12,13,24,25　쇠병</td>
</tr>
<tr>
<td>　　일공 마
　　8 기 보 음
　　1 경 유 경
8,20　　　　욕</td>
<td>
1
8 무</td>
<td>세 시
　　4 을 심 지
　　5 병 절 생
2,14,26　　　사</td>
</tr>
<tr>
<td>연간　　일공
　　3 경 충 합
　　6 정 귀 상
30,19,18,7,6　생양</td>
<td>　　　귀
10 정 임 호
9 임 천 경
5,17,29　　　태</td>
<td>연 월
　　5 임 봉 무
　　4 을 복 사
28,27,16,15,4,3 절묘</td>
</tr>
</table>

8괘중에 생기가 있는 궁은 곤궁이다. 곤궁에 지지는 未와 申이 되어

10월에 미와 신날이 생기가 되므로 10월에는 1일, 12일, 13일, 24일, 25일이

생기에 해당하여 길일이 된다. 천의가 있는 궁은 감궁이다.

감궁에 지지는 子가 되어 10월에 자 날이 천의가 되므로 10월에는 5, 17,29일이

천의에 해당하여 길일이 된다. 복덕이 있는 궁은 건궁이다.

건궁에 지지는 戌과 亥가 되어 10월에 술과 해날이 복덕이 되므로 10월에는

3일, 4일, 15일, 16일, 27일, 28일이 복덕에 해당하여 길일이 된다.

10월 택일은 1, 3, 4, 5, 12, 13, 15, 16, 17, 24, 25, 27, 28, 29일이 길일이 된다.

아래 기문포국은 1954년 10월 9일 묘시생 평생국임

예3) 丁 甲 甲 甲　　남
　　卯 子 戌 午　　7/5변국, 음둔 입동상원 6국

61 51 41 31 21 11 1
辛 庚 己 戊 丁 丙 乙
巳 辰 卯 寅 丑 子 亥

연공 3 식신 乙 주 사 4 정인 庚 귀 개 -10-81 화, 겁 묘절	연, 시간 　8 상관 戊 심 부 역　9 편인 丁 복 겸 -45-59　　　태	5 편관 癸 봉 천 망겁 2 정재 壬 천 상 -3-90　　　양생
시, 연간　록 　4 정인 壬 예 음 역　3 식신 辛 절 두 -6-85 연　　사	월간　　마 　7 편재 　5 편관 己 -15-78	10 정관 丙 임 지 7 편재 乙 유 휴 -28-70 연　　욕
9 편인 丁 영 합 8 상관 丙 명 생 -36-68　　병쇠	세 　6 겁재 庚 보 호 　1 - 癸 생 사 -1-51　　　왕	월, 일간　일공 　1 비견 辛 충 무 겁망 6 겁재 戊 화 경 -21-71 겁, 화 록대

상기 예3 사주에 **5월 택일**을 포국하여 보겠다.

1954년 10월 9일 묘시생을 1999년 5월 월국을 포국하려면

1999년 5월 9일 묘시생으로 사주를 세워 월국을 포국하면 다음과 같다.

己 乙 庚 己　　남

卯 巳 午 卯　　3/3변국, 음둔 하지 하원 6국

<u>세</u> 월간	월　　　일연	연공
9庚 보 음 　7庚 절 상 8,9,20,21　　대록	4丁 영 사 연역 2丁 생 생 10,22　　　　왕	1壬 예 부 　5壬 화 사 11,12,23,24연화겁 쇠병
연 시　　　일공 　10辛 충 합 일역 6辛 귀 경 7,19　　　　욕	연간 시간　　마 　　3 연망일겁 3己	일간　　연공 　6乙 주 천 　10乙 명 두 1,13,25　　　사
일공 귀 5丙 임 호 1丙 유 경 29,18,17,6,5일겁화 생양	2癸 봉 무 4癸 복 휴 4,16,28　연연 태	7戊 심 지 연겁일망 9戊 천 개 27,26,15,14,3,2 절묘

8괘중에 생기가 있는 궁은 이궁이다. 이궁에 지지는 午가 되어 5월에
오날이 생기가 되므로 5월에는 10일, 22일이 생기에 해당하여 길일이 된다.
천의가 있는 궁은 건궁이다. 건궁에 지지는 戌과 亥가 되어 5월에 술과
해날이 천의가 되므로 5월에는 2일, 3일, 14일, 15일, 26일, 27일이
천의에 해당하여 길일이 된다. 복덕이 있는 궁은 감궁이다.
감궁에 지지는 子가 되어 5월에 자날이 복덕이 되므로
5월에는 4일, 16일, 28일이 복덕에 해당하여 길일이 된다.
5월 택일은 2, 3, 4, 10, 14, 15, 16, 22, 26, 27, 28일이 길일이 된다.

아래 기문포국은 1962년 5월 27일 자시생 평생국임

예4) 庚 丁 丙 壬　여
　　子 酉 午 寅　5/3변국 음둔 하지상원 9국

57 47 37 27 17 7
庚 辛 壬 癸 甲 乙
子 丑 寅 卯 辰 巳

일공 연공 록 1 정재 戊 영 합 7 정인 癸 절 경 -33-68　　대록	월 6 편재 丙 예 음 망　2 편인 戊 생 두 -11-83 연　　왕	월간 3 정관 庚 주 사 5 겁재 丙 화 개 -20-73　　쇠병
일간 2 편인 癸 보 호 겁역 6 편재 丁 귀 휴 -26-70 연　욕	연간　　마 5 겁재 겁　3 정관 壬 -36-67	세, 시간 8 편관 辛 심 부 10 － 庚 명 사 -8-53　　사
연 7 정인 丁 충 무 1 정재 己 유 겸 -9-90 겁, 화 생양	시　　귀 4 식신 己 임 지 4 식신 乙 복 상 -15-77　　태	9 상관 乙 봉 천 역망 9 상관 辛 천 생 -45-62 겁, 화 절묘

상기 예4 사주에 **11월 택일**을 포국하여 보겠다.

1962년 5월 27일 자시생을 2006년 11월 월국을 포국하려면

2006년 11월 27일 자시생으로 사주를 세워 월국을 포국하면 다음과 같다.

甲 己 辛 丙　여
子 酉 丑 戌　　9/6변국, 양둔 대한 상원 3국

일간		연공마		연공	
	5己 보 사		10丁 영 음		7乙 예 합
	10己 화 경		5丁 명 사		8乙 절 생
10,11,22,23	쇠병	12,24 일연	사	1,2,13,14,25,26	묘절
시간　일공				세	
	6戊 충 부		9		2壬 주 진
연역일망 9戊	천 휴	연겁일역　6庚		일겁　3壬	생 두
9,21 연연	왕			315,27	태
월　일공		시　연간　록		연　월간	
	1癸 임 천		8丙 봉 지		3辛 심 작
	4癸 복 상		7丙 유 겸	연망	2辛 귀 개
20,19,8,7 일겁화	록대	6,18	욕	29,28,17,16,5,4연겁화생양	

8괘중에 생기가 있는 궁은 태궁이다. 태궁에 지지는 酉가 되어 11월에
유날이 생기가 되므로 11월에는 3일, 15일, 27일이 생기에 해당하여 길일이 된다.
천의가 있는 궁은 진궁이다.
진궁에 지지는 묘가 되어 11월에 묘날이 천의가 되므로 11월에는
9일 21일이 천의에 해당하여 길일이 된다. 복덕이 있는 궁은 간궁이다.
간궁에 지지는 丑과 寅이 되어 11월에 축과 인날이 복덕이 되므로
11월에는 7일, 8일, 19일, 20일이 복덕에 해당하여 길일이 된다.
11월 택일은 3, 7, 8, 9, 15, 19, 20, 21, 27일이 길일이 된다.

아래 기문포국은 1917년 9월 30일 인시생 평생국임

예5) **戊 庚 辛 丁   남**
寅 申 亥 巳   6/3변국 음둔 입동하원 3국

62 52 42 32 22 12 2
甲 乙 丙 丁 戊 己 庚
辰 巳 午 未 申 酉 戌

연	월간	세
2 정인 癸 주 천 7 편인 乙 절 사 -18-87 겁　대록	7 편인 丁 심 지 겁　2 정인 辛 생 경 -41-61 연　　왕	4 상관 庚 봉 무 5 － 己 화 휴 -5-49　　쇠병
시간		귀
3 편관 己 예 부 역망 6 정재 戊 귀 생 -11-90　　욕	6 정재 겁역 3 편관 丙 -21-85	9 식신 壬 임 호 10 겁재 癸 명 경 -38-78 연　　사
시　일공 연공 마 8 정관 辛 영 사 1 편재 壬 유 개 -39-69 겁,화 생양	일간　일공 연공 5 비견 乙 보 음 4 상관 庚 복 두 -45-54　　　태	월, 연간　　록 　10 겁재 戊 충 합 망　9 식신 丁 천 상 -30-79　　절묘

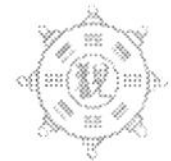

상기 예5 사주에 **9월 택일**을 포국하여 보겠다.

1917년 9월 30일 인시생을 1979년 9월 월국을 포국하려면

1979년 9월 30일 인시생으로 사주를 세워 월국을 포국하면 다음과 같다.

戊 庚 乙 己　　남
寅 寅 亥 未　　2/8변국, 음둔 입동 하원 3국

월간			일공			연 연간 일공 귀		
	8 癸 주 천			3 丁 심 지			10 庚 봉 무	
일망연역 2 乙 명 개				7 辛 화 겁			10 己 생 상	
8,9,20,21　묘절			10,22　태			11,12,23,24 연화겁 양생		
시간　마								
	9 己 예 부			2			5 壬 임 호	
	1 戊 유 두			8 丙			5 癸 절 휴	
7,19　일연　사						1,13,25　욕		
세 시　연공			일간　연공 록			월		
	4 辛 영 사			1 乙 보 음			6 戊 충 합	
일겁　6 壬 귀 생			일역연겁 9 庚 천 사				4 丁 복 경	
30,29,18,17,6,5 병쇠			4,16,28 연연 왕			27,26,15,14,3,2 일겁화 록대		

8괘중에 생기가 있는 궁은 곤궁이다. 곤궁에 지지는 未와 申이 되어
9월에 미와 신날이 생기가 되므로 9월에는 11일, 12일, 23일, 24일이 생기에
해당하여 길일이 된다.
천의가 있는 궁은 감궁이다. 감궁에 지지는 子가 되어 9월에 자날이
천의가 되므로 9월에는 4일, 16일, 28일이 천의에 해당하여 길일이 된다.
복덕이 있는 궁은 건궁이다. 건궁에 지지는 戌과 亥가 되어 9월에 술과
해날이 복덕이 되므로 9월에는 2일, 3일, 14일, 15일, 26일, 27일이
복덕에 해당하여 길일이 된다.
9월 택일은 2, 3, 4, 11, 12, 14, 15, 16, 23, 24, 26, 27, 28일이 길일이 된다.

31. 내방객 점사 국

당일 일과시를 육의삼기와 8문 9성을 포국하여
필자는 점사 국으로 사용한다.
내방객의 띠 궁을 목적 점사로 사용한다.

예를 들어
음둔 소서 하원5국 개띠가 기미일 신미시에 상담하러 왔다면

<table>
<tr><td>己   보
己   사</td><td>癸   영
癸   경</td><td>戊   금
辛(戊) 휴</td></tr>
<tr><td>庚   충
庚   생</td><td>戊</td><td>丙   주
丙   경</td></tr>
<tr><td>丁   임
丁   개</td><td>壬   봉
壬   두</td><td>**개띠 궁**
乙   심
乙   상</td></tr>
</table>

① 지반육의삼기는 음둔5국이므로 중궁에서 구궁역행 포국된다.
② 천반육의삼기는 신미 시 순수는 갑자 무이므로 신위에 무가
　중궁에 있다. 곤궁에 있는 것으로 간주하여 복음격으로 포국된다.
③ 8문은 임 자원으로 간 궁에서 시작하여
　기미일은 진궁에서 생문 일정한 순서로 역행 포국된다.
④ 9성은 복음격으로 원래 자리대로 포국된다.

음둔 소서 하원5국 말띠가 경신일 신사 시에 상담하러 왔다면

丁 임 己 사	**말띠 궁** 庚 충 癸 경	己 보 辛 휴
壬 봉 庚 생	戊	癸 영 丙 겹
乙 심 丁 개	丙 주 壬 두	辛 예 乙 상

① 지반육의삼기는 음둔5국이므로 중궁에서 구궁역행 포국된다.

② 천반육의삼기는 신사 시 순수는 갑술 기이므로 신위에 기를 올려
　 가까운 방향으로 포국된다.

③ 8문은 임 자원으로 간 궁에서 시작하여 경신일은 진궁에서 생문
　 일정한 순서로 역행 포국된다.

④ 9성은 감궁 지반육의삼기 임이 진궁으로 올라가 있으므로
　 진궁에서 천봉성이 포국된다.

32. 기문포국 총정리

1) 사주팔자를 세운다.

2) 홍국수를 산출한다.

지반수는 사주지지 4개를 전부 수리로 변환하여 9로 여제하고
나머지수가 지반수가 된다.
중궁에 입중 시켜 순행 포국한다.
천반수는 사주천간 4개를 전부 수리로 변환하여 9로 여제하고
나머지수가 천반수가 된다.
중궁에 입중 시켜 역행 포국한다.

3) 육의삼기를 포국한다.

지반육의삼기는 기문만세력에서 찾아 양둔은 순행 포국하고
음둔은 역행 포국한다.
천반육의삼기는 시주 순수를 찾아 시간위에 시주 순수를 올려
가까운 방향으로 돌아가면서 포국한다.

4) 동처를 표기한다. (연, 월, 세, 시)

5) 4간을 표기한다. (연간, 월간, 일간, 시간)

6) 유년을 계산한다.

지반수는 세궁에서 시작하여 순행으로 계산되며 45세에 마치게 된다.
천반수는 세궁에서 시작하여 역행으로 계산되며 90세에 마치게 된다.

7) 8괘를 포국한다.

중궁지반수를 기준하여 변화하면서 포국한다.
1상생기, 2중천의, 3하절체, 4중유혼, 5상화해, 6중복덕, 7하절명, 8중귀혼이다.

8) 8문을 포국한다.

사주 일주자원을 찾아서 음둔, 양둔을 구분하여

양둔은 일정한 순서대로 순행 포국하고

음둔은 일정한 순서대로 역행 포국한다.

생문, 상문, 두문, 경문, 사문, 경문, 개문, 휴문이다.

9) 9성을 포국한다.

감궁의 지반육의삼기가 이동한 대로 천봉 성을 시작으로 포국한다.

천봉성, 천임성, 천충성, 천보성, 천영성, 천예성, 천주성, 천심성, 천금성이다.

10) 8장을 포국한다.

시간이 있는 궁에 직부가 시작하여

양둔은 구궁외각 시계 방향으로 포국되고

음둔은 구궁외각 시계 반대 방향으로 포국된다.

 - **양둔8장** ; 직부, 등사, 태음, 육합, 구진, 주작, 구지, 구천이다.

 - **음둔8장** ; 직부, 등사, 태음, 육합, 백호, 현무, 구지, 구천이다.

상기 포국으로 마무리하게 된다.

홍국수를 지지로 변환, 홍국수를 육신으로 변환

12신살, 12운성, 공망, 천을, 귀인, 건록, 천마, 신살 등은

추명명리를 알고 있으므로

포국하지 않아도 홍국수를 보고도 알 수 있으리라 생각한다.

예1) 庚 庚 庚 丁　　남
　　 辰 午 戌 酉　　7/6변국, 음둔 상강 중원 8국

56 46 36 26 16 6
甲 乙 丙 丁 戊 己
辰 巳 午 未 申 酉

시	세	
3癸 충 호 10壬 화 사 -30-75	8壬 보 합 5乙 명 경 -5-53	5乙 영 음 8丁 절 휴 -20-84
4戊 임 무 9癸 천 생 -29-79	일월시간 7 6辛 -36-72	연 10丁 예 사 3己 생 겹 -41-64
9丙 봉 지 4戊 복 개 -4-62	연간 6庚 심 천 7丙 유 두 -12-90	월 1己 주 부 2庚 귀 상 -38-65

56　46　36　26　16　6

戊　己　庚　辛　壬　癸

申　酉　戌　亥　子　丑

	시	세
2壬 보 사 4壬 귀 생 -9-87	7戊 영 음 9戊 복 상 -44-61	4庚 예 합 2庚 천 겸 -2-49
연　시간 3辛 충 부 3辛 절 사 -5-90	연간 월간 6 5癸 -14-85	일간 9丙 주 진 7丙 유 휴 -37-78
월 8乙 임 천 8乙 명 개 -35-69	5己 봉 지 1己 생 두 -45-54	10丁 심 작 6丁 화 경 -20-79

예3) 丙 丁 戊 乙　　남
　　 午 未 子 卯　5/2변국, 양둔 동지 하원 4국

56　46　36　26　16　6
壬　癸　甲　乙　丙　丁
午　未　申　酉　戌　亥

월간	시	세　시간
1庚 심 지	6丁 봉 천	3壬 임 부
6戊 천 사	1癸 유 겁	4丙 귀 상
-15-88	-42-58	-4-48
연　연간	5	8乙 충 사
2辛 주 작		9辛 복 경
5乙 화 생	2己	
-9-90	-17-87	-34-73
7丙 예 진	월 일간	9戊 보 음
10壬 생 두	4癸 영 합	8庚 절 휴
	3丁 명 개	
-41-65	-45-52	-25-82

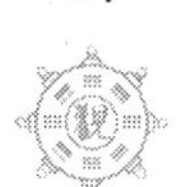

예4) 丙 戊 乙 乙   여
     辰 辰 酉 巳   3/8변국, 음둔 백로 상원 9국

59 49 39 29 19 9
辛 庚 己 戊 丁 丙
卯 寅 丑 子 亥 戌

세 시 연	일간	시간
9己 임 음 2癸 명 경 -2-54	4丁 충 사 7戊 화 사 -32-69	1癸 보 부 10丙 생 생 -44-63
10乙 봉 합 1丁 유 상 -45-62	3 8壬 -10-90	월 6戊 영 천 5庚 절 개 -19-80
5辛 심 호 6己 귀 휴 -25-74	연간 월간 2庚 주 무 9乙 천 경 -41-65	7丙 예 지 4辛 복 두 -14-87

예5) 甲 甲 己 己　　여
　　　戊 寅 巳 亥　　5/5변국, 양둔 소만 중원 2국

52 42 32 22 12 2
乙 甲 癸 壬 辛 庚
亥 戌 酉 申 未 午

월		
1庚 보 사 4庚 귀 두 -27-75	6丙 영 음 9丙 복 경 -17-90	3戊 예 합 2戊 천 휴 -20-80
연간 월간 시간 2己 충 부 3己 절 개 -23-77	5 5辛 -32-74	일간 8癸 주 진 7癸 유 상 -45-60
세 　7丁 임 천 　8丁 명 생 -8-52	4乙 봉 지 1乙 생 사 -18-84	연 시 　9壬 심 작 　6壬 화 경 -38-69

기문둔갑 포국에 대한 견해

추명명리에서는

양남 음녀는 대운이 순행하고

음남 양녀는 대운이 역행하게 된다.

그러나 기문둔갑에서는

남자의 기문국이나 여자의 기문국 포국에 있어서

차이점이 없는 것이 항상 의심스러워 생각이 떠나지 않는다.

한 날 한 시에 출생한 남녀는 사주팔자는 같으나

대운이 순행과 역행으로 흐르게 되어

숫자가 반으로 줄어지게 됨으로써 확률이 높아지게 되는 것이다.

기문둔갑 역시 음둔과 양둔으로 구분하여 남녀를 적용하면 어떻겠는가.

양남음녀는 순행 포국하고

음남양녀는 역행 포국하는 것이 어떠한 것인지.

그래야만 확률이 높아지게 되는 것이 아니겠는가.

음과 양은 서로 살아가는 과정이 다른 것이라 생각한다.

음과 양은 둘이면서 하나이고

하나이면서 둘이 되는 것이 아닌가.

어디에서도 근거를 찾지 못하고

스승이 있으면 상의라도 하여 물어보겠지만

물어볼 사람도 없어서 지면을 통하여 견해를 적어보는 것이다.

독학을 하지 않고 스승이 있는 것이 습득도 빠르고 발전이 빠른데…….

홀로 왔다가 홀로 가는 것이 인생이라지만

스승 없는 것이 이토록 어렵고 외로운 일인가 보다.

남들이 하니까 나도 해보겠다고 뛰어들어 많은 난관과 어려움을 겪으면서

오직 역학서에만 매달려 공부를 하게 되었던 것이다.

누구든지 스승이 있다는 것은 행복한 일이라고 느끼게 된다.

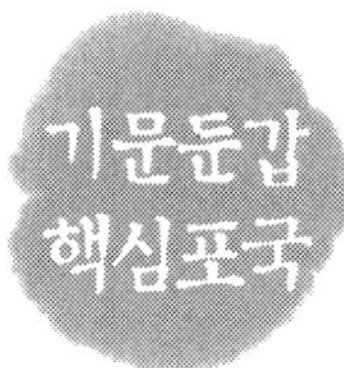

초판　1쇄 2008년　9월 30일
　　　 2쇄 2011년 10월 17일
　　　 3쇄 2015년　4월 10일

지은이 김재근
주소. 부산광역시 동래구 수안동 광덕빌딩 9층
　　　운관철학관 (동래경찰서 정문옆)
전화. 051-553-6958　　핸드폰. 019-501-6958

펴낸곳 도서출판 천지인
주소. 부산광역시 연제구 연산동 연산O/T 603호
전화. 051-782-4984, 553-6958 (운관철학관)
출판신고번호 제 14-80호

만든곳 보안기획
부산광역시 해운대구 재송동 1209 센텀IS 1009호
전화. 051-255-5675　　팩스. 051-255-5676
E-mail. boan21@korea.com

값 45,000원

ISBN 978-89-962429-3-2